오십에 읽는 연금기획

오십에 읽는 연금기획

**99세까지
돈 걱정 없는
현금 흐름
만들기**

이재승 지음

레몬북스
lemon books

차례

프롤로그

....

평범한 사람들을 위한 작지만 강한, 노후 현금 흐름 설계법

저는 금융회사에서 30년 동안 은퇴와 퇴직연금 컨설팅을 하고 있습니다. 여러 기업에서 노후 설계 강의와 상담을 진행하면서 공장 근로자, 일반 사무직, 공기업 직원 등 다양한 직장인들을 만나고 있습니다. 제가 만나본 직장인들은 대체로 금융이나 연금은 복잡하고 어렵다는 인식이 많았습니다. 주로 받는 질문은 간단한 연금 활용법 같은 기초적인 수준인데 왜곡된 정보로 안타까운 노후 계획을 가진 분들도 보았죠. 저는 수많은 현장에서 만난 이런 평범한 분들에게 실행 가능하고 이해하기 쉬운 연금 전략을 제시하고 싶었습니다.

2025년 1차 베이비부머가 속한 60대는 770만 명입니다. 1965년생부터 1974년생까지 2차 베이비 부머는 앞으로 10년간 870만 명이 공식적으로 퇴직하고, 그 뒤 10년도 780만 명이 기다리고 있습니다. 향후 20년간 무려 1,650만 명이 은퇴 시장으로 진입하는 것입니다. 노인인구로 정의하는 65세 이상은 2024년 말 이미 전체 인구의 20%를 넘어섰고 2036년에는 30%, 2050년에는 40%를 차지하게 됩니다.

세계에서 가장 빠른 속도로 늙어가는 우리나라의 엄청난 은퇴 인구가 맞이할 노후는 어떤 모습일까요? 노년층의 폭발적인 수요 증가는 재취업은 물론이고 노인 돌봄 같은 보건의료 분야에서도 심각한 '은퇴 경쟁'을 촉발할 것입니다. 은퇴 경쟁의 시대는 노후 양극화로 이어지고 준비가 부족한 분들에게는 가혹한 노년이 될 가능성이 큽니다. 생각보다 오래 살 위험에 대비해 지금이라도 노후 연금과 미래 현금 흐름에 관심을 가지고 조금씩 준비해야 합니다.

몇 해 전부터 베이비부머의 대규모 은퇴가 이어지는 가운데 노후 준비에 관심이 높아지고 있습니다. 금융회사는 은퇴 설계, 상속·증여와 같은 사업을 강화하고 있고 은퇴 전문가들의 시니어 자산 컨설팅도 유행입니다. 그런데 이러한 비즈니스는 주로 하이엔드(고소득이나 전문직) 계층을 대상으로 하고 평범한 사람들을 위한 현실적인 컨설팅은 조금 부족해 보입니다. 제가 만나는 대다수 직장인과 자영업 서민들은 대출이 끼어 있는 집 한 채에 자녀 학비와 생활비로 빠듯하게 살아가는 평범한 사람들입니다. 은퇴 준비를 위한 몇 가지 솔루션을 드려도 자금 여력이 부족한 경우가 많죠. 미래의 노후에 대한 부담을 가지고 살지만 당장은 이달 카드 결제가 걱정입니다. 이런 평범한 우리 중장년층은 과연 어떤 방법으로 노후를 준비할 수 있을까요?

이 책은 바로 이런 질문에서 시작되었습니다. 요즘 5060은 책보다 유튜브에서 노후 정보를 많이 얻는다고 합니다. 물론 참고할 만한 훌륭한 채널도 많지만 다소 자극적인 섬네일과 단편적인 내용도 적지 않은 것 같습니다. 독자들에게 쉽고 읽기 편한 노후 준비 책은 없을까 고민했습니다. 노후 현금 흐름 만드는 방법을 위주로 하고 일과 가정, 건강, 외로움 같은 내용을 보완하는 것이 현실적이라 생각했습니다.

사실 노년의 삶을 위해서는 최소한의 경제적인 토대를 마련하는 것이 우선입니다. 특히 평범한 5060에게는 적은 비용으로 노후 현금 흐름을 보강하는 방법이 중요합니다. 대다수 예비 은퇴자는 현실적인 여력이 부족하다는 사실을 전제로 노후 현금 흐름 대안을 제시하는 것이 필요하기 때문입니다.

이 책은 '아주 평범한 사람들을 위한 작지만 강한 노후 연금 설계법'입니다. 은퇴 후에도 흔들리지 않는 노년의 삶을 위해 가장 현실적인 연금 전략을 고민했습니다.

1장은 회사형 인간에서 가정형 인간으로 돌아온 중장년들의 이야기입니다. 가족들이 생각하는 가장과 돌아온 자신의 동상이몽을 어떻게 줄일까요? 본격적인 은퇴를 앞두고 가족, 여가, 집, 건강에 대해 같이 생각해 보는 시간입니다.

2장에서는 주된 직장에서 퇴직한 5060이 겪는 재취업 현실을 통계 데이터로 조명했습니다. 재취업 경로와 소득의 변화뿐만 아니라 취업 유형별 사례도 포함하여 직장 밖의 현실을 엿볼 수 있습니다. 3장은 다가오는 은퇴 시장의 변화와 위협 요소를 알아보고 어떤 부분을 조심해야 하는지 점검하는 계기가 될 것입니다.

4장부터 9장은 가장 중요한 본론입니다. 시간이 부족한 분이라면 4장부터 보셔도 좋습니다. 대표적인 5가지 연금과 건강보험을 활용하여 어떻게 노후 현금 흐름을 보강하는지 담았습니다. 여기서는 연금제도를 설명하기보다 최대한 활용 방법을 위주로 접근했기 때문에 자신의 상황에 맞게 적용할 수 있을 것입니다.

예를 들어, 국민연금을 증액하는 방법과 효과, 미래 홀로 남을 배우자에게 유용한 주택연금 활용법이 있습니다. 또 퇴직금 절세 방법과 개인연금 인출 전략을 제안하고 이를 종합하여 미래 현금 흐름을 보강하는 방법을 제시합니다. 최대한 실천 가능한 방법 위주로 포인트를 짚었으니 꼼꼼히 읽어보세요.

10장부터 12장은 95세까지 현금 흐름 시뮬레이션을 할 수 있는 실전

이자 결론입니다. 앞에서 공부한 연금을 실제 사례 형식으로 적용하는 과정이죠. 예비 은퇴자를 준비 부족형, 일반형, 여유형 셋으로 구분하고 각 유형의 보편적인 준비 수준을 기본안이라 했습니다. 여기에 복수의 수정안을 처방하면서 기본안 대비 현금 흐름이 어떻게 변하는지 95세까지 보여드립니다. 마지막으로 자신의 미래 현금 흐름을 직접 설계해 볼 수 있는 양식을 추가했으니 꼭 실습해 보시기 바랍니다.

저의 은퇴 상담 경험에 비추어 보면 60년대생은 스스로 자신의 노후를 해결하려는 경향이 이전 세대보다 훨씬 강합니다. 부모님을 봉양했으나 노후는 자녀들에게 의지하려 하지 않죠. 요즘에는 결혼정보회사의 회원 스펙에 나이, 학력, 직업, 외모(키), 재산 외에 부모님의 노후 대비 정보가 추가되었다고 합니다. 여유가 있어 자녀를 지원하는 거야 좋지만 노후 준비와 자녀 지원이 충돌할 때는 노후 준비가 우선이라고 꼭 말하고 싶습니다. 자녀들은 미래를 이겨낼 젊음과 기회가 있지만 부모님은 그렇지 않기 때문입니다. 부부가 어렵게 번 돈 두 분이 다 쓰고 간다고 생각해야 합니다.

이 책은 사실 3040세대에게도 아주 유용합니다. 젊은 자녀들이 먼저 읽고 부모님께 제안해 드릴 내용이 많이 있습니다. 책 뒷부분 현금 흐름 시뮬레이션도 엑셀로 양식을 만들어 설계를 도와드리세요. 같이 점검해 보는 과정에서 부모님의 노후를 이해하고 자녀들 또한 미래 부담을 줄일 수 있는 유익한 시간이 될 것입니다. 물론 3040 자신의 노후 준비 전략과 방향 설정에도 도움이 됩니다.

먹고사느라 노후 준비 여력이 없었던 평범한 독자들이 이 책을 쉽게 읽고 공감해서 몇 가지 솔루션을 실행하시길 기대합니다. 그동안 구체적으로 어떻게 준비해야 할지 막막했다면 여기서 제시한 방법을 통해 최소한의 노후 안전망을 강화할 수 있을 것입니다. 여러 연금제도를 적극적으로 활용하여 노후 현금 흐름을 보강하고 장기 저성장 시대와 은퇴 경쟁의 미래를 지혜롭게 준비하시길 기원합니다.

노후삼분지계(老後三分之計)를 그리며
이재승

100세 시대,
슬기로운 은퇴 생활

남편도 새로운 가장의 역할에 적응해야 합니다. 삼식이보다는 간단한 요리를 배워서 가족들의 간단한 아침을 준비해 보는 것은 어떨까요? 회사 회식도 없으니 아침 식사는 샐러드나 삶은 계란 등 영양을 고려한 간편식으로 바꿔보는 것도 좋습니다. 이른 아침 출근 시간에 깨었다면 직접 내린 커피로 바쁜 가족들에게 한 잔씩 따라주세요. 집 안에 흐르는 은은한 커피 향처럼 돌아온 아빠, 돌아온 남편도 은은하게 집 안에 스며들어야 합니다.

1장

아빠의 컴백!
180도 달라진 당신, 가족은 안녕하신가요?

가정에 돌아온 당신의 새로운 역할과 가족관계, 여가, 주거, 건강에 관해 생각하는 시간입니다. 아직도 이른 아침 출근 시간에 깨었다면 직접 내린 커피로 바쁜 가족들에게 한 잔씩 따라주세요. 집 안에 흐르는 은은한 커피 향처럼 돌아온 아빠, 돌아온 남편도 은은하게 집 안에 스며들어야 합니다.

진인사대처명(盡人事待妻命)

치열한 직장생활을 마치고 가정으로 돌아온 아빠들의 착각이 있습니다. 가족들이 자신과 함께 많은 시간을 보내줄 것이라는 착각이죠. 그동안 가족들을 위해 헌신한 것이 있는데 '이 정도 대접은 받아야지'라는 무의식적인 기대도 있고요. 하지만 퇴직 후 3개월의 가족 허니문 기간이 지나면 그것은 자신만의 생각이었다는 사실을 깨닫습니다. 가족들과 함께한 경험과 추억이 많아야 대화 거리가 풍성해지는데 회사와 일에만 매달려온 과거 30년은 겨우 3개월의 가족 시간만 허용하기 때문입니다.

배우자의 마음은 어떨까요? 배우자는 그동안 자신이 만들어 놓은 생활 루틴이 있고 모임들도 많습니다. 여성은 대체로 남성보다 커뮤니티가 다양하고 새로운 관계 설정도 잘하십니다. 그런데 갑자기 남편이 나타난 것이죠. 하루 종일 같이 있는 상황이 낯설고 자신의 일상이 깨지는 것 같아 불편하기도 합니다. 남편의 기대와 다르게 부인은 그동안 출근 뒷바라지를 열심히 했으니 이제는 가사에서 해방되고 싶습니다. 남편이 알아서 밥도 챙겨 먹고 가사도 같이 해줄 것으로 기대하죠. 일본에서 인기 1위 남편은 '낮에 집에 없는 남편'이라고 합니다. 연금 많고 싹싹하고 요리 잘하는 남편은 그다음 순서라네요. 우리나라도 크게 다르지 않을 것 같죠?

남편도 새로운 가장의 역할에 적응해야 합니다. 삼식이보다는 간단한 요리를 배워서 가족들의 간단한 아침을 준비해 보는 것은 어떨까요? 회사 회식도 없으니 아침 식사는 샐러드나 삶은 계란 등 영양을 고려한 간편식으로 바꿔보는 것도 좋습니다. 이른 아침 출근 시간에 깼다면 직접 내린 커피로 바쁜 가족들에게 한 잔씩 따라주세요. 집 안에 흐르는 은은한 커피 향처럼 돌아온 아빠, 돌아온 남편도 은은하게 집안에 스며

들어야 합니다.

사랑과 칭찬은 표현입니다. 부부끼리 사랑을 표현하시고 자녀에게도 칭찬을 아끼지 마세요. 처음에는 익숙하지 않겠지만 관계는 습관이고 훈련입니다. 그 힘든 군대도 다녀왔고 30년 사회생활도 잘했는데 따뜻한 말 한마디 망설일 이유가 없잖아요? 그동안 직장 다닌다는 핑계로 바쁘다는 이유로 시간 나면 그때 가서 잘해야지 했다면 아주 큰 착각입니다. 지금 당장 가족에게 시간을 들이고 애정을 표현해 보세요. 그것이 가정으로 돌아온 가장의 또 다른 역할입니다. 서툴더라도 자주 표현하고 훈련하면 어느새 달라진 아빠와 남편이 될 수 있습니다.

요즘 인터넷에 유행하는 '남편 명심보감'을 소개합니다. 유머러스하게 표현했는데 꼭 웃기지만은 않죠? 저는 5번이 마음에 드는데 독자 여러분은 어떠신가요.

1. 진인사대처명: 최선을 다하고 아내의 명령을 기다린다
2. 수신제가평처하: 손과 몸 쓰는 일은 제가 하면 부인이 평화롭다
3. 처화만사성: 아내와 화목하면 만사가 이루어진다
4. 사필귀처: 중요한 의사결정은 결국 아내의 결정에 따라야 한다
5. 금상처화: 비단옷을 입으면 부인이 꽃처럼 피어난다

자녀들에게도 너무 간섭하지 마세요. '너희들은 너희 인생 살고 나는 내 인생 산다'는 생각으로 대해야 합니다. 엄마 아빠는 어떻게든 노후

준비해서 손 안 벌릴 테니 너희들도 앞길은 스스로 개척하라고 하세요. 그게 정신 건강에 좋습니다. 물론 부모가 여유가 있어 도와주면 좋겠지만 부부의 노후를 허물면서까지 지원하는 것은 부모와 자식 모두에게 좋지 않습니다. 요즘 자녀들은 결혼할 나이가 되면 부모에게 은근히 바라는 마음이 있습니다. 아무리 부모 자식 사이라도 다 큰 자식에게 매몰차게 지원을 거절하기는 상당히 어렵죠. 그래서 중고등학생 때부터 대학 졸업까지만 도와주고 추가 지원은 없다는 것을 평소에 강조해 두는 것이 필요합니다.

퇴직 후 부부간에도 각자의 시간을 보장해 주는 것이 좋습니다. 남편의 가부장적 태도와 지나친 간섭은 부부 사이를 멀어지게 하는 지름길입니다. '청소 상태가 왜 이러냐', '냉장고 좀 비워라', '일찍 들어오지 않고 어딜 다니느냐' 등의 지적과 간섭은 금물입니다. 저는 부부간 '한 지붕 두 가족' 같은 생활을 추천합니다. 서로의 일상을 배려해 주면서도 사전에 합의한 시간에는 부부 공통의 취미 활동을 하는 식이죠. 가사를 분담하고 각자의 시간과 공간을 보장하되 '따로 또 같이'의 리듬을 유지하는 것이 현명한 태도입니다.

무엇보다 상대방의 감정을 백배 공감해 주는 따뜻한 말 한마디가 천금보다 귀한 것입니다. 회사 습관이 남아 부하 직원에게 말하듯 하면 안 되겠죠. 항상 '미안해, 고마워, 당신 덕분이야'를 입에 달고 살아야 합니다.

남편들은 아내에게 어떤 말을 들었을 때 가장 고마웠나 질문해 보니

'자신의 인격과 능력을 존중하는 말'을 들었을 때라고 합니다. "당신이 회사 다녀서 우리 가족이 이만큼 살았어, 멋진 신랑 고마워." 이런 결과는 아내들도 마찬가지입니다. 예컨대, "고생했어, 당신이 최고야", "당신 덕분에 잘살고 있어", "자기랑 결혼하길 잘했어"라는 말이 큰 힘이 되었다고 합니다. 이 외에도 아내들은 '자식 잘 키운 공을 아내에게 돌리는 말', '외모를 좋게 평가해 주는 말'에 고마움을 느낀다고 하니 자주 표현해 보세요. 또 작은 선물을 주고받으면서 자주 서로의 마음을 표현하는 것도 좋습니다. 부부의 화목은 커다란 무엇에 있는 것이 아니라 사소한 배려와 잔정이 쌓이면서 이루어진다는 것을 기억하세요.

65세 이상 노년층 가구는 최근 10년간 많은 변화가 있었습니다. 2014년 단독가구(독거+부부가구) 비율이 67.5%에서 2023년 88%로 약 20%포인트 급증했습니다. 자녀와 동거하는 비율도 28.4%에서 10.3%로 크게 감소했네요. 10년 동안 일어난 큰 변화입니다. 이제 노년층 열에 아홉은 혼자 살거나 부부만 사는 단독가구입니다. 지금 미혼 자녀와 같이 살고 있다 하더라도 가까운 미래에 90%는 혼자 살거나 부부 두 분만 살게 될 것입니다. 부부간 사이가 좋아야 하는 이유이기도 하죠
가구 형태의 변화, 자녀와 배우자와의 관계 등 퇴직 후 가정에서의 역할 변화에 능동적으로 대처하지 못하면 갈등의 골이 깊어질 수 있습니다. 여기에 소득 감소 같은 경제적인 이슈가 겹치면 가정의 위기가 찾아오기도 하죠.

통계청 인구통계동태표에 따르면 20년 이상 결혼 생활을 유지한 부부의 황혼이혼이 조금씩 줄고는 있지만 지난 10년간 매년 3만 건대를 유지하고 있습니다. 2023년은 3만 2,862건으로 전체 이혼 건수의 36%입니다. 비중이 꽤 높죠? 황혼이혼은 2015년 이후로 꾸준히 전체 이혼의 30% 후반대를 차지하고 있습니다. 황혼이혼 나이는 50~54세 구간이 가장 많고 다음으로 55~59세, 60~64세 순입니다. 주된 직장에서 퇴직하는 50대 초반이 가장 위험한 시기로 보입니다.

여러 가지 노후 위험 중에 황혼이혼은 발생빈도가 낮은 대신 경제적 타격은 매우 큽니다. 특히 남성의 경우 경제문제뿐만 아니라 독거 생활에 따른 삶의 질이 현저히 떨어지는 경험을 하게 됩니다. 행색도 후줄근해지고 건강관리나 우울증 문제도 동반할 가능성이 크죠.

황혼이혼은 다양한 이유와 심각한 과정을 거쳐 어렵게 결정하는 것이라 제가 뭐라 말씀드리기가 어렵지만 오래 사는 장수 시대에 커다란 위험 요소임이 분명합니다. 평소에 조금씩 양보하고 배려하면서 지혜롭게 위험한 50대를 건너시길 바랍니다.

제가 너무 남편들에게만 이런저런 요구를 한 거 같네요. 긴 시간 가장의 무게를 견디며 이제는 가정의 울타리에서 인정받으며 쉬고 싶은데 식구들은 각자 바쁩니다. 쓸쓸한 바람 끝에 인생 짧고 허무하다는 생각도 들죠. 그런데 생각을 좀 바꾸면 오히려 이제부터 진정한 내 자신의 삶을 찾을 수 있는 기회이기도 합니다. 그동안 잊고 지낸 자신에게 관심을 주고 돌보면서 오히려 인생 황금기로 만들어 가는 여정을 시작해 보면 어떨까요.

여가 시간을 어떻게 보낼까?

은퇴 전에는 회사 업무나 생계를 이유로 딱히 취미 생활을 하기 어려운 것이 현실이죠. 주말에는 부족한 잠을 채우거나 TV 시청으로 하루를 보내기 일쑤입니다. 저도 50 중반을 넘기면서 체력이 많이 떨어지는 것 같아 큰맘 먹고 피트니스 연간 회원권을 끊었는데요, 처음 몇 달은 열심히 다녔지만 요즘엔 로커에 신발이 잘 있나 궁금할 정도입니다. 한 달에 한 번 가는 주말 산행도 꾸물대다가 겨우 따라나서는 정도죠. 항상 일을 핑계로 피곤을 달고 살지만 마음속으로는 은퇴하면 본격적으로 운동도 좀 하면서 체력 관리를 하겠노라 다짐합니다.

주된 일자리에서 퇴직한 분들은 여가 시간을 어떻게 보내고 있을까요? 통상 여가 시간이란 일하고 남은 시간에서 생리적 필수 시간을 제외한 자유 시간으로 정의합니다. 2023년 노인실태조사에서 우리나라 노년층의 하루 평균 여가 시간은 6시간 51분이네요. 19세 이상 성인의 여가 시간 4시간 47분보다 2시간 정도 깁니다. 하루 7시간에 가까운 여가 시간을 잘만 활용하면 아주 많은 것들을 할 수 있겠죠. 체력 단련은 물론이고 다양한 사회 참여 활동이나 봉사활동처럼 의미 있는 시간을 설계할 수도 있습니다.

하지만 현실은 하루 여가 7시간 중 TV와 라디오 시청으로 3.9시간을 사용하고 있습니다. 물론 나쁜 것은 아니지만 방송은 대체로 두뇌 작용으로 얻어내는 것이 아니라 자동으로 주어지는 방식입니다. 시청 시간을 줄이고 치매나 뇌 질환 예방을 위한 다양한 두뇌 자극 시간을 늘리는 것이 필요합니다.

다음 표는 1만여 명의 응답자 중 지난 1년간 여가 활동에 참여한 8,190명을 대상으로 한 조사 결과입니다. 이분들의 주된 여가 활동은 휴식, 사회 기타, 취미 오락 활동에 집중되어 있습니다. 중복 답변이지만 96%의 노인이 주된 여가 활동을 '휴식'이라 답변한 것이 인상적이네

노인의 주된 여가 활동 종류

(단위: %)

	휴식 활동	사회 기타 활동	취미오락 활동	문화예술 참여	스포츠 참여	관광 활동
전체	96.5	43.2	39.1	3.1	9.1	4.3
65~69세	87.6	39.2	44.3	2.9	12.6	6.3
70~74세	97.2	44.4	38.7	2.5	8.7	4.1
75~79세	101.5	43.5	35.6	3.6	8.8	3.7
80~84세	103.5	44.1	38.0	4.3	5.9	2.1
85세 이상	110.9	53.6	28.0	2.3	1.5	1.7

* 2023 노인실태조사, 한국보건사회연구원(24. 11월, 김세진) 재인용

요. 연령대별로도 큰 차이를 보이지 않는데 문화예술이나 스포츠 같은 액티브한 여가 활동은 낮게 나타나고 있습니다.

노인의 사회 활동은 친목 단체 참여율이 54.2%로 가장 높고, 종교 33.3%, 학습 13.3%, 동호회 6.6%, 자원봉사 2.5% 순으로 나타났습니다. 10년 전과 비교하면 친목·동호회 활동은 늘었고 자원봉사·종교 활동은 줄어들었습니다. 개인 친분과 이너서클 중심으로 뭉치는 경향이 강해지는 것으로 보입니다.

하지만 이왕이면 기존의 익숙한 분들 외에도 새로운 영역의 취미와 사람들을 만나면서 액티브한 신중년에 도전해 보는 것이 좋습니다. 노후에 가장 걱정되는 질병인 치매를 예방하기 위해서도 신선한 뇌 자극을 강화할 필요가 있습니다. 새로운 동호회나 사회 참여 활동을 통해 신선한 자극과 활력을 충전하세요.

놀아봤어야 놀지

"스님, 30년 다닌 직장의 퇴직을 3년 남겨두고 있습니다. 제2의 인생 어떻게 살아야 할까요?"

"은퇴하면 프랜차이즈 창업 같은 자영업을 많이 하고 주식이나 코인에도 투자하죠. 또 어떤 회사에 투자를 제안받고 임원 자리를 받기도 합니다. 그런데 대부분 이 과정에서 퇴직금을 날립니다.

은퇴하면 먼저 앞치마를 두르고 집안일을 맡아 해보세요.

아내에게 '그간 집안일로 수고했으니 이제 내가 하겠다.' 이렇게 3년만 하면 한몫 벌어보겠다는 심리도 사라지고 부부관계도 평등해져 노후를 친구처럼 살 수 있습니다. 이후에는 자원봉사로 자기 재능을 쓸 수 있다면 더욱 보람되고 좋아요. 나가서 돈을 벌어야 한다면 그 일을 배우는 과정이 필요해요. 빵집을 하고 싶으면 빵집 가서 봉사해 보고 농사짓고 싶다면 주말마다 시골 가서 봉사해 보고 이렇게 3년을 해본 후에 새 일을 시작해 보세요."

제가 즐겨 듣는 법륜스님의 즉문즉설 일부입니다. 그동안 고생했으니 우선 가정에 충실하고 일을 하고 싶다면 경험을 쌓은 후에 새로운 결정을 하라는 말씀입니다. 여러분 생각은 어떠세요?

20여 년 전에 퇴직한 회사 선배님이 계십니다. 지금은 70을 넘기셨는데 뵐 때마다 매번 인상적인 말씀을 해주시는 분입니다. 그 선배님은 퇴직 후 자신이 졸업한 대학의 대학원에 입학했습니다. 그때가 50대 초반이었는데 역사학을 전공한다고 해서 후배들이 깜짝 놀랐던 기억이 납니다. 퇴직 몇 년 후 식사 자리에서 뵈었습니다.

"퇴직하고 말이야, 공부하는 게 괜찮은 거 같아. 돈도 상대적으로 적게 들고 어디 가서 말하기도 좋잖아. 얼마 전에 자식뻘 되는 대학원생들하고 유적 조사를 갔는데 다들 배고파하길래 내가 짜장면 한턱냈지. 그거 얼마 안 들어. 예전에 회사 회식에 비하면 푼돈인데 엄청 좋아하더라구. 오랜만에 어깨에 힘 좀 들어가던데, 하하하.”

젊은이 같은 모습이 참 보기 좋았던 기억이 납니다. 그리고 한 10여 년이 지나 다시 뵌 적이 있습니다.

“난 퇴직하고 이제까지 돈을 거의 벌어본 적이 없어. 안 쓰는 거지 뭐. 어쩌다 지방 강의라도 가면 차비는 주니까 유람하는 셈치고 아내하고 같이 다니면서 재미있게 살아.”

남 신경 안 쓰고 자신만의 길을 가는 노년의 선배님이 참 멋있게 보이더군요.

사실 퇴직 후 그냥 놀겠다는 분들은 많지 않습니다. 생계도 중요하고 평생 일해온 관성 때문에 돈 되는 일을 해야 한다는 강박이 크죠. 우리 중장년층은 잘 노는 것이 일하는 것보다 훨씬 어려운 세대입니다. 행복하게 살려고 돈 버는 건데 퇴직 후 여유 있는 시간을 처음 경험하니 뭘 어떻게 할지 어리둥절합니다. 놀기도 연습이 필요한 것이죠.

저는 자신에게 좀 더 관심을 가지라고 말씀드리고 싶습니다. 나는 뭘 하면 즐거운지, 언제 행복한지, 어떨 때 재충전이 되는지 알아야 합니다. 우리는 이런 것을 배운 적도 없고 생각할 여유도 없이 일만 하며 나를 지나쳐 왔습니다. 이제 남은 인생은 그동안 고생한 ‘나’라는 사람을 위로하고 행복을 느낄 수 있도록 노력하세요. 그동안 해오던 취미도 좋고 젊었을 때 관심 가졌던 일이나 버킷 리스트를 써보는 것도 좋습니다. 남 눈치 볼 필요 없이 내가 좋으면 그걸로 된 거죠. ‘일’을 통해 노후 행복과 건강, 외로움을 극복하는 것도 좋은 대안입니다만 이제는 ‘내가 좋아하는 일'을 찾는 여행이 중요합니다.

노후에 행복을 원한다면 비교와 욕심 두 가지를 버려야 합니다. 비교는 나를 망치고 욕심은 노후를 망칩니다. 그저 소박하게 남에게 아쉬운 부탁 안 할 정도면 비교하지 말고 나에게 집중해서 자신만의 기준대로 행복을 찾아가시길 바랍니다.

은퇴 후에도 익숙한 곳이 좋다

얼마 전 서울에 사는 60대 중반의 지인이 지방으로 이사 간다고 하더군요. 생활의 터전을 옮기기엔 좀 늦은 나이지만 남편이 퇴직하게 되어 이참에 아들 사는 곳에 가기로 했다고 합니다. 은퇴하고 홀가분하게 자녀 곁으로 가신다기에 축하해 주었더니 속마음은 서운하다네요. 현재 동네에서 20년이나 살아서 주변 사람들과 헤어지는 것이 아쉽다는 것이죠. 젊어서 너무 이사를 자주 했다며 이제는 익숙한 곳에 정착하고 싶다고 합니다.

저도 결혼 후 얼마나 이사했나 세어보니 열 번이 넘네요. 지방 근무로 혼자 갔던 횟수를 포함하면 더 많고요. 이사가 잦다 보니 동네에 참여하는 커뮤니티가 거의 없습니다. 제가 게을러서 배드민턴이나 조기 축구 같은 동호회에 참여하지 못한 이유도 있겠죠. 회사 동료들 가운데는 한 동네에 오래 살면서 아이들 학부모로 만나 오랫동안 교류하는 경우도 보았습니다. 이웃과 가족 여행을 다녀왔다거나 주말에 식사 모임을 했다는 얘기를 들으면 부럽기도 합니다. 재건축한 고급 아파트에 혼자 사는 어르신들도 오랜 이웃들 때문에 떠나지 못한다고 하네요.

은퇴 후 삶의 질을 이야기할 때 주거 환경을 빼놓을 수가 없습니다. 노령화로 인한 행동반경의 제약, 여유시간 증가, 익숙한 사람들, 의료서비스나 문화 혜택이 더욱 중요해지기 때문입니다.

노령층 희망 거주 형태에 대한 보건복지부 조사(2023년)에서 건강하다면 '현재 집에서 계속 산다'는 응답이 87.2%로 압도적으로 높았습니다. '환경이 더 나은 집으로 이사한다(8.1%)', '노인 전용 주택으로 이사한다(4.7%)'는 아주 낮습니다.

한편, 건강 악화 시에 어디를 선호하는지 물었는데 '현재 집에서 계속 산다(+재가복지서비스)'가 48.9%로 절반 정도는 자신이 살던 집이 좋다고 하십니다. 노인 전용 주택과 요양 시설 입소 희망은 합쳐서 44.2%나 되는데 2017년(31.9%)보다 큰 폭으로 증가했습니다. '가족 합가 또는 근거리 거주' 응답은 6.8%로 매우 낮네요. 여기서 선배 세대와 다른 요즘 신중년의 변화된 가치관을 볼 수 있습니다. 이제는 건강에 문제가 생기더라도 가족에게 폐를 끼치기보다 자신의 집이나 외부 노인 시설에서 간호받기를 선호합니다.

노후에 적당한 집의 조건

아이들이 독립하고 은퇴한 부부 두 사람만 남게 되면 어떤 집이 좋을까요? 물론 개인의 취향에 맞는 집을 정하면 되겠지만 노후에는 남에게 보이는 집이 아니라 내가 살고 싶은 집이 최고입니다. 이제까지 집을 재산의 관점으로 보았다면 노년기에 집은 정착과 휴식, 생활의 기반이라는 개념으로 접근하는 것이 좋습니다. 그럼, 노년기에 적당한 집을 고르는 기준은 어떤 게 있을까요?

첫째, '평수를 줄여라'입니다. 국토교통부 기준은 1인 가구 최저 주거 면적이 14㎡(4평)라고 하는데 현실과 괴리감이 좀 있죠? 일본은 25㎡(7.5평), 이탈리아는 28㎡(8.4평)입니다. 건축 전문가들은 2인 가구는 25평 이하가 적당하다고 합니다. 이 정도 면적이면 정신적 안정감도 있고 활용하기에 따라 넓게 사용할 수도 있기 때문이라네요.

결혼한 자녀들이 오면 집이 좁을까 걱정하시는데 생각보다 자주 오지도 않고 자고 가는 경우는 더더욱 드뭅니다. 자녀와 같이 살았던 큰 집은 재산세, 관리비만 많이 나오고 청소하기도 힘듭니다. 20평대 집이라도 오래된 장롱이나 큰 소파, 필요 없는 물건은 과감히 버리고 수납 공간을 잘 활용한다면 충분히 넓게 사용할 수 있습니다.

둘째, 공공 문화 체육시설과 가까운 곳이 좋습니다. 지자체에서 운영하는 노인복지시설이나 체육 센터, 도서관, 복지관 등과 가까우면 건강과 여가를 동시에 해결할 수 있습니다. 이런 공공시설에는 구내식당도 있어 저렴한 식사도 가능하죠. 활동 반경이 줄어들고 이동이 어려운 후기 노년기에는 집과 가까운 복지시설이 큰 도움이 됩니다.

셋째, 차로 30분 거리에 종합병원이 있는 지역입니다. 70대 이후 간병기에 대비해 위급할 때 골든타임을 놓치지 않아야 하기 때문입니다. 또 병원이 멀면 매번 자식들에게 부탁하기도 곤란하고요. 큰 병원 근처에는 약국이나 주야간보호센터, 실버케어센터 같은 의료시설도 연계되어 있는 경우가 많아 여러모로 활용이 편리합니다.

넷째, 근처에 공원과 산책로가 있으면 금상첨화입니다. 이런 지역은 주거 쾌적성도 높고 사계절을 느끼면서 간단한 운동을 자주 할 수가 있습니다. 몇 년 전만 해도 전원주택을 선호했지만 최근에는 도시로 회귀하고 있습니다. 요즘 노년층은 오랜 세월 도시 생활에 익숙해졌기 때문에 뒤늦게 전원생활에 적응하기가 어려운 것이죠. 현실과 로망의 차이라고나 할까요. 꼭 전원생활을 하고 싶다면 아주 외곽보다는 도심에서 한 시간 정도 거리에 있는 근교형 휴양 시설 정도는 고려해 볼 만합니다.

다섯째, 대중교통이 편리한 곳입니다. 노년기에는 신체적 장애가 시작되고 감각 능력이 저하되기 때문에 이동성을 유지하기 위해서는 대중교통이 중요합니다. 23년 노인실태조사에 따르면 노인들은 외출할 때 주로 버스(48.1%), 지하철(13.1%), 택시(6.9%)를 이용하네요. 지역별로 차이가 있는데 대중교통 이용률은 도시(71.6%)가 읍면(58%)보다 높고 자가용 이용률은 읍면 지역(37.5%)이 도시(24.9%)보다 높습니다.

노후에 살 집은 자녀들이 왕래하기 쉽고 병원·쇼핑에 편리한지를 체크해 보세요.

여기까지 보시고 "어허, 이걸 다 만족하는 지역은 집값이 비싸지 않냐"고 하는 분들도 계시죠? 하지만 비즈니스 중심지나 핫 플레이스, 유명 학군지 같은 인기 지역 말고도 생각을 바꾸면 노후 생활에 적합한 지역이 의외로 많이 있습니다. 무엇보다 남들의 시선보다 부부의 취향과 노후 자금을 고려하여 찾아보시면 적합한 지역이 보일 것입니다.

은퇴 후 건강관리

건강하고 활기찬 노후 생활의 기본은 양호한 신체 기능 상태를 유지하는 것입니다. 제아무리 연금 준비를 잘하고 자산을 모았다고 하더라도 건강이 무너지면 노년의 삶은 한꺼번에 망가집니다.

건강관리를 잘해야 하는 이유는 단순히 오래 사는 것보다 남은 생을 독립적으로, 즐겁게 보내는 것이 중요하기 때문입니다. 노인 건강은 정신적인 만족감과 행복감에도 큰 영향을 미치고 한번 잃으면 회복하기 어렵기 때문에 젊은 사람들보다 건강관리에 더욱 관심을 가져야 합니다. 우리 주변에서 멀쩡했던 은퇴 가정이 의료비 부담으로 파산의 지경에 이르는 사례를 많이 볼 수 있습니다.

유병 노인의 돌봄과 지원은 참 어려운 문제입니다. 우리나라는 아직도 노인의 1차적 돌봄 안전망이 동거 또는 비동거 가족인 경우가 많습니다. 노년기 건강은 비단 자신만의 문제가 아니라 의료 비용, 돌봄 문제, 가족관계 등 여러 측면에 영향을 미치는 문제인 것입니다.

세계보건기구에 따르면 우리나라 60세의 건강수명(현재 질병 및 사망률을 기준으로 건강한 상태로 살 수 있을 것으로 기대되는 평균 생존 연수)은 남자 78세, 여자 81세입니다.

60세의 유병 생활 기간

	건강수명	기대수명	유병 생활
60세 남자	78세	84세	6년
60세 여자	81세	88세	7년

* 세계보건기구, 2021년(24. 11월 갱신)

건강수명을 60세의 기대수명과 비교해 보면 남자는 6년, 여자는 7년 정도 유병 생활을 하다 돌아가십니다. 앞으로 기대수명이 90세까지 연장된다고 보면 유병 생활도 10년 이상 늘어날 수 있죠. 짧지 않은 시간입니다. 사실 지금도 이 시기에 의료비 지출과 돌봄 지원, 노인 시설 이동 등의 문제가 집중적으로 나타나고 있습니다.

건강수명으로 보면 남녀 모두 80세 전후에 건강이 나빠진다는 것인데 이는 조사로도 나타나고 있습니다. 2023 노인실태조사에 따르면 '평소 자신이 건강한 편이다'고 인식하는 비율이 80대 이전에는 53%인데 80대 이후는 26%로 절반으로 뚝 떨어집니다. 주관적 인식에 대한 조사 결과지만 사실 자기 몸은 자기가 가장 잘 안다는 관점에서 보면 매우 의미 있는 수치입니다. 성별로는 남자 노인(49.7%)이 여자 노인(38.1%)보다 주관적 건강 상태에 대한 긍정 응답률이 높네요.

연령대별 건강하다 응답 비율

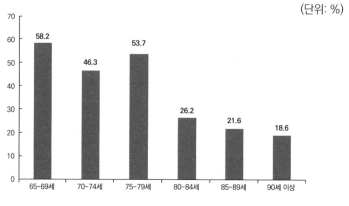

(단위: %)

* 2023 노인실태조사(통계청)

고혈압, 당뇨, 고지혈증 같은 만성질환은 전체 노인의 86.1%나 가지고 있고 평균 개수는 2.2개입니다. 눈에 띄는 대목은 여성 노인의 만성질환 유병률(87.2%)과 질환 개수(2.3개)가 높아 남성보다 건강관리가 더 필요하다는 점입니다.

또 한 가지 특이점은 70대 초반에 유병률과 만성질환 개수가 대폭 오른다는 것입니다. 65~69세 유병률 78.6%에서 70~74세 87.2%로, 만성질환 개수도 1.7개에서 2.2개로 큰 폭 증가하고 있습니다. 70대 초반에 실질적인 은퇴와 더불어 의료비까지 가중되어 이중 삼중 힘들어집니다. 이러한 건강 문제는 노인의 우울과도 연결이 되는데요, 65세 이상의 11.3%가 우울 위험군으로 나타났고, 남자(9.7%) 노인보다는 여자(12.5%) 노인의 비율이 높은 것도 여성 건강과 무관하지 않은 것으로 보입니다.

만성질환 개수

(단위: %, 개)

	없음	있음	1개	2개	3개 이상	평균 (개)
전체	13.9	86.1	22.1	28.0	35.9	2.2
남자	15.4	84.6	25.7	28.9	30.0	2.0
여자	12.8	87.2	19.3	27.3	40.6	2.3
65~69세	21.4	78.6	25.8	28.8	23.9	1.7
70~74세	12.8	87.2	22.6	29.4	35.2	2.2
75~79세	9.5	90.5	19.5	27.1	43.9	2.5
80~84세	7.2	92.8	18.6	28.2	46.0	2.6
85~89세	8.0	92.0	18.5	24.6	48.9	2.7
90세 이상	7.7	92.3	17.1	19.6	55.6	3.0

* 2023 노인실태조사: 조사 대상자가 3개월 이전부터 그 질병을 앓고 있었다고 한 경우
* 한국보건사회연구원(24. 11월, 강은나) 재인용

노후 건강, 70에 출렁 80에 털썩

앞서 살펴본 건강 문제는 자연스럽게 의료기관 이용으로 연결됩니다. 보통 70대 이후에 평생 의료비의 대부분을 사용한다고 하는데 본격적인 질병과의 싸움이 시작되는 셈이죠. 평소 건강을 자신하던 분들도 나이가 들면서 여기저기 고장이 나고 병원 신세를 지게 됩니다. 건강은 건강할 때 지켜야 한다는 말처럼 나이가 들면 약해진 건강은 다시 회복하기가 매우 어렵습니다.

외래 이용 현황

(지난 1개월 기준, 단위: %, 회)

	없음	있음				평균
			1회	2~3회	4~5회	
전체	31.2	68.8	34.8	25.0	5.5	1.5
남자	33.4	66.5	37.6	22.0	4.4	1
여자	29.4	70.6	32.6	27.3	6.4	1.6
65~69세	38.0	62.1	36.2	20.2	3.9	1.2
70~74세	29.7	70.2	35.8	25.5	5.5	1.5
75~79세	29.0	70.9	34.4	27.0	5.5	1.6
80~84세	23.5	76.4	32.6	30.4	8.2	1.9
85~89세	27.2	72.9	30.9	28.1	7.1	1.9
90세 이상	22.9	77.1	32.5	30.6	8.9	1.9

* 2023 노인실태조사, 한국보건사회연구원(24. 11월, 강은나) 재인용

2023 노인실태조사에 따르면 지난 1개월간 외래 서비스를 이용한 노인은 전체의 68.8%이고 평균 방문 횟수는 1.5회입니다. 노인의 70% 정도는 월 1회 이상 외래진료를 받고 있으니 적지 않은 비율이죠? 다음 표에서 외래 이용률과 횟수를 유심히 보시면 70대 초반에 한 번, 80대 초반에 또 한 번 크게 증가합니다.

이런 두 번의 출렁임은 입원 통계에서도 그대로 나타납니다. 지난 1년간 전체 노인의 5.3%는 입원한 적이 있고 평균 입원 일수는 18.4일입니다. 여기서도 70대 초반과 80대 초반에 '입원한 적 있음'이 큰 폭으로 증가하고 있습니다.

입원 현황

(지난 1년 기준, 단위: %, 회, 일)

	있음	평균 입원 횟수	평균 입원 일수
전체	5.3	1.3	18.4
65~69세	3.7	1.3	19.1
70~74세	**5.4**	**1.3**	**17.7**
75~79세	5.6	1.5	21.3
80~84세	**7.8**	**1.2**	**16.9**
85~89세	6.7	1.2	15.0
90세 이상	7.9	1.7	21.0

* 2023 노인실태조사, 한국보건사회연구원(24. 11월, 강은나) 재인용

건강보험 가입자 중 65세 이상이 17%인데 이들이 사용하는 요양급여는 전체의 42.2%(44조 6,400억, 심평원 22년)로 매년 증가하고 있습니다. 85세부터는 일상생활의 자립도도 크게 떨어져 85~89세의 26.3%, 90세 이상 44.3%가 일상생활 능력이 제한적인 것으로 나타났습니다.

보통 신체 기능 저하가 진행된 후에 일상생활이 어려워지므로 그 이전부터 건강한 생활 습관과 식생활에 관심을 두는 것이 필요합니다. 노년의 건강은 넘어지면 늦고 후회하면 늦습니다. 늦어도 60대 중반부터는 건강관리를 열심히 해야 하는 이유입니다.

어디가 아프고, 의료비는 얼마나 들까?

노년층은 주로 어떤 질환으로 병원을 찾고 있을까요? 2023년 상반기 건강보험심사평가원 65세 이상 노인의 다발생 질병 1, 2위를 보면, 입원은 '노년 백내장', '치매'이고 외래는 '고혈압', '치주질환' 순입니다. 모두 진료 인원수 기준인데요, 입원 2위인 '치매'는 내원 일수가 압도적으로 높습니다. 인당 내원 일수가 111일이니까 6개월 동안 4개월은 입원했다는 뜻이죠. 1인당 요양급여 비용도 뇌경색 다음으로 많은 956만 원이네요. 노년기 치매는 병원 신세도 많이 져야 하고 의료비도 많이 드는 아주 부담스러운 질환이라는 것을 병원 이용 통계에서 알 수 있습니다.

입원 3~5위는 코로나 관련이므로 이를 제외하면 뇌경색과 관절 치료(7~9위)가 그다음입니다. 여기서 관절 치료는 노화와 관절 부상 및 면역질환 등이 주요 원인이긴 하지만 대체로 일상에서 자주 일어나는 낙상에서 비롯된 경우가 많습니다. 외래에서도 무릎 관절과 척추 통증이 10위권 내에 있군요.

요양병원에 가보면 복도, 침대, 화장실 곳곳에 '낙상 주의' 문구가 걸려 있습니다. 요양병원이나 요양원에 계시는 상당수 어르신이 바로 이 낙상으로 들어오신 분들입니다. 그렇지 않아도 뼈와 근력이 약한 상태에서 한번 낙상하면 고관절, 대퇴부 파손으로 걷기는 물론 화장실 이용도 어려워지고 돌봄이 가중되어 병원 신세를 지는 것이 보편적인 과정입니다.

그래서 노인이 계시는 집에서는 활동 보조 기구를 설치하는 것이 매우 중요합니다. 화장실에 미끄럼 방지 매트를 깔거나 문턱을 없애고 주요 동선에 안전 손잡이도 필요하죠. 부모님께서 70세를 넘기면 자녀들이 이 부분을 특별히 신경 써서 설치해 드려야 합니다. 부모님 사고 예방과 미래 비용을 아끼는 길입니다.

보통 노년기에 생애 의료비의 대부분을 사용하는 것으로 알려져 있는데요, 심평원 통계를 보면 확실해집니다. 연령대별 요양급여 점유율을 보면 60대 이상이 50% 넘게 차지하고 있습니다. 50대 이상으로 넓히면

65세 이상 다발생 질병 순위

	순위	질병명	진료 인원(명)	내원 일수	요양급여 비용 (백만원)	1인당 용양 급여 비용 (원)	증감률 (%)
입원	1	노년 백내장	130,424	200,903	221,378	1,697,370	-79.07
	2	알츠하이머병에서의 치매(G30.-+)	88,523	9,840,464	846,779	9,565,635	-38.62
	3	U07의 응급사용	64,933	607,548	186,354	2,869,942	-64.03
	4	감염성 및 기생충성 질환에 대한 특수선별검사	63,438	394,449	6,537	103,050	-97.29
	5	상세불명 병원체의 폐렴	56,916	933,484	308,239	5,415,683	-2.32
	6	뇌경색증	47,738	2,785,899	597,939	12,525,436	-30.34
	7	무릎 관절증	44,081	991,776	360,845	8,185,954	-32.85
	8	기타 척추병증	37,925	429,110	112,184	2,958,039	-39.23
	9	요추 및 골반의 골절	30,651	556,875	106,535	3,475,753	-51.82
	10	협심증	27,193	132,940	145,568	5,353,154	-24.45
외래	1	본태성(원발성) 고혈압	3,053,060	11,918,994	294,707	96,528	8.28
	2	치은염 및 치주질환	2,614,692	5,122,380	237,433	90,807	21.54
	3	2형 당뇨병	1,436,403	5,534,281	184,361	128,349	11.10
	4	급성 기관지염	1,408,143	2,884,015	55,283	39,259	31.27
	5	무릎 관절증	1,335,391	5,806,105	284,563	213,093	17.06
	6	등 통증	1,138,789	5,230,241	232,093	203,807	22.52
	7	위-식도역류병	841,483	1,690,589	52,038	61,840	7.90
	8	기타 척추병증	840,615	3,948,649	188,568	224,322	11.83
	9	전립선증식증	770,089	2,270,919	95,127	123,527	19.16
	10	치아 및 지지구조의 기타 장애	765,467	1,838,575	856,574	1,119,021	6.33

* 자료: 건강보험 진료비통계지표(23년 상반기)

주) 1. 진료일 기준. 다발생 순위는 각 질병별 진료 인원 기준

2. 증감률: 전년 대비 요양급여비용 증감률

3. 질병 명칭은 한국표준질병·사인분류(통계청. 2020년) 기준임

남자는 68.8%를 사용하고 여자는 69.3%입니다. 연령대별 비용 점유율을 생애주기로 본다면 50세 이후부터 생애 의료비의 약 70%를 사용하고, 60세 이후부터는 절반 이상을 사용한다고 해석할 수 있습니다.

생애 전체에서 연령대별 요양급여 비용 점유율

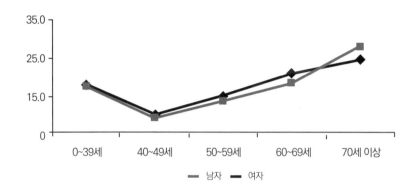

* 건강보험심사평가원, 건강보험 진료비통계지표(22년, 편집)

2022년 건강보험공단이 지급한 65세 이상의 1인당 요양급여는 510만 원입니다. 건강보험 보장률을 70%(22년 평균은 65.7%)로 가정하면 1인당 연간 의료비는 730만 원이고 그중 본인부담은 220만 원이네요.

따라서 65세부터 90세까지 25년간 평균 의료비는 산술적으로 5,500만 원인데 생각보다 적지 않죠? 노년에는 건강이 곧 돈이고 행복이고 자신감이란 사실을 잊지 말고 스스로 건강관리에 힘써야 하겠습니다.

65세 이상 1인당 요양급여 비용

(단위: 만 원)

	입원	외래	약국	합계
23년 1~6월	115	93	56	264
22년 연간 * 본인부담액	222 (95)	181 (78)	107 (46)	510 (219)

* 건강보험심사평가원, 건강보험 진료비통계지표(23년 상반기, 편집)
* 본인부담: 건강보험 보장률 70%로 역산

노후 건강, 65세를 주목하라

흔히 65세를 생애전환기라고 합니다. 중년에서 노년으로 진입하는 시점으로 이때부터 몸이 조금씩 바뀌는 단계이기 때문에 스스로도 젊었을 때와는 다른 접근이 필요합니다. 전문가들은 이 시기를 어떻게 보내느냐에 따라 75세 이후의 여생을 두 발로 걸어 다니느냐, 아니면 침상에서 보내느냐가 결정될 수 있다고 말합니다.

대한노인병학회 설문조사에 따르면 만성질환이 있는 노인을 위협하는 가장 위험한 질병은 바로 치매였습니다. 가장 위험하고 피해야 할 질병으로 치매를 꼽은 이유는 사회적 치료 비용이 높을 뿐만 아니라 자신과 돌보는 가족이 가장 힘들기 때문입니다.

전문가들은 본인의 인지기능이 예전 같지 않다고 느끼는 단계인 경도

인지장애 시기에 조기 진단을 통해 대처한다면 치매를 막거나 늦출 수 있다고 말합니다. 치매를 예방하는 확실한 방법은 조기 진단인데요, 60세 이상 노인은 지역보건소 치매안심센터에서 무료로 인지 선별 검사를 받을 수 있습니다.

만성질환이 있는 노인을 위협하는 가장 위험한 질병

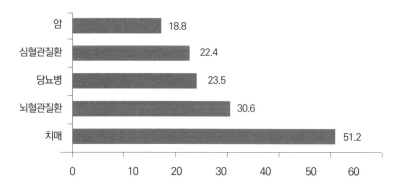

* 자료: 대한노인병학회 의사 대상 설문조사(170명, KBS)

치매 예방을 위해서는 약물 복용보다는 뇌 건강에 도움이 되는 음식 섭취가 더욱 유용하다고 합니다. 김치에 밥만 먹기보다 채소와 고기를 적당히 드시되 특히 단백질 섭취에 관심을 가지고 영양 공급에 신경을 써야 합니다. 65세쯤 되면 식욕이 떨어지고 고기보다 채소 위주의 간편식을 선호하시는데 오히려 이때부터 고기와 같은 단백질을 잘 섭취해야 합니다. 영양제를 드시는 분들도 많은데요, 전문가들은 단백질을 포함한 '1식 5찬'으로 골고루 세끼를 잘 먹는다면 굳이 영양제를 먹을 필요는 없다고 하네요.

노년에는 소파에 오래 누워 있는 저신체 활동은 아주 조심해야 합니다. 근육 감소로 인한 낙상 사고, 근골격계 문제가 생기기 때문입니다. 근감소증 예방을 위한 근력 유지 활동도 매우 중요한데 바르게 걷기, 계단 오르기, 스트레칭, 수영, 실내 자전거, 스쿼트 좋습니다. 공원에서의 걷기 운동도 발뒤꿈치부터 디딘 후 엄지발가락으로 밀어준다는 느낌으로 걸으면 효과가 배가됩니다. 약간 숨이 찰 정도의 속도가 좋고 뛰기가 불편하다면 걷기와 뛰기의 중간 자세로 걸으면 무릎 부담도 덜고 운동 효과도 올릴 수 있습니다. 일상생활에서 근력운동을 끼워 넣는 습관도 유용합니다. 지하철에서 되도록 계단을 이용하거나 신호등을 기다릴 때도 발뒤꿈치 들었다 내리기, 하루에 수시로 팔굽혀펴기 운동 등은 자투리 시간을 활용해서 쉽게 실천할 수 있는 운동입니다.

요즘은 공공기관에서 운영하는 중장년 문화 체육시설이 많습니다. 경로당, 노인복지관, 사회복지관, 공공·민간 문화시설, 평생학습관 등이죠. 대부분의 지자체에서 복수의 시설을 운영하고 있는데 비용도 저렴하고 프로그램도 아주 다양하죠. 연령대별로 선호하는 시설은 조금씩 다른데 베이비부머가 속한 신규 노인층은 기존의 복지관보다는 문화 체육시설에 대한 선호도가 높습니다. 활동력을 키우고 낯선 사람들과의 교류를 통해 인지능력을 제고한다는 측면에서도 이러한 공공시설 활용을 적극 추천합니다.

참여하는 연령도 60대 초반부터 시작하는 것이 좋습니다. 보통 프로그램마다 수준별로 분반하여 가르치는데 70대 이후에 시작하면 따라가기가 버겁겠죠. 재미가 없으면 조기에 포기하거나 동료 수강생들과 어울리기가 더 어려워집니다. 센터에는 대체로 여성 노인들이 많아 남성 노인들은 융화되지 못하는 경향이 있습니다. 그래서 부부가 같이 참여하거나 혹시 마음이 맞는 친구가 있다면 한두 분만 같이 다녀도 운동 지속성과 사교 모임 참여에 큰 도움이 될 것입니다.

요즘 지자체에서 운영하는 이런 센터가 아주 많으니 여기저기 다녀보시고 좋아하는 운동을 10년 이상 해보자는 생각으로 등록하세요. 거주하는 지역에서 되도록 가까운 센터를 찾는 것이 좋습니다. 거리가 멀면 중간에 포기하기 쉽기 때문에 편리한 이동 방법과 거리가 중요합니다.

다음 표는 모 구청에서 운영하는 스포츠센터의 수강생 모집 안내입니다. 스포츠와 문화 프로그램이 다양한데요, 비용도 한 달에 5만 원 정도로 저렴하고 민간 시설 부럽지 않습니다. 장수 시대 건강수명을 늘리고 주변 가족에게도 짐이 되지 않는 건강한 노년을 시작해 보세요.

서울 ○○구 스포츠센터 프로그램

프로그램	구분	시간	월 요금
헬스		전일	57,000원
골프		전일	148,000원
배드민턴	강습, 자유	주3일	69,000원
탁구	수준별	주3일	53,000원
수영	수준별	주3일	47,000원
요가	필라테스 다이어트 인도 정통	주3일	48,000원 48,000원 57,000원
국궁		주말	38,000원
댄스	줌바댄스 방송댄스 댄스스포츠	주3일	46,000원 38,000원 56,000원
에어로빅	에어로빅 다이어트	전일 주3일	55,000원 38,000원
근력 스트레칭		주3일	48,000원
피아노		주3일 주2일	74,000원 55,000원
바이올린		주1일	44,000원
기타		주2일	52,500원
노래교실		주1일	11,000원

2장

....

5060 취업 시장, 벼랑 끝에서 기회를 잡아라

환갑잔치는 하고 싶지 않습니다. 아직 젊고 사회적 쓰임에 대한 욕구도 큽니다. 하지만 오랜 경력과 노하우를 온전히 평가해 주는 일자리는 많지 않습니다. 재취업 시장의 현실과 대처방안에 관해 살펴보겠습니다.

퇴직 후 경제활동과 가정 살림

경제활동인구조사(통계청, 24. 11월)에 따르면 60세 이상 1,433만 명 중 취업자는 678만 명으로 절반(47.3%)이 일을 하고 계십니다. 1989년 통계 작성 이후로 24년 9월부터는 전체 연령대에서 60세 이상의 취업자 수가 가장 많습니다. 60세 이상 취업자 비중도 24%로 전체 연령대에서 가장 높고 10년 전과 비교해도 10% 증가하여 다른 연령층을 압도하고 있습니다. 이제 우리나라 60대는 취업자도 가장 많고 비중도 가장 높은 경제활동인구의 핵심 계층이 되었습니다.

연령별 경제활동인구 총괄

(단위: 만 명)

	2014. 11			2024. 11		
	인구	취업자	점유율	인구	취업자	점유율
20~29세	622	359	14%	584	355	12%
30~39세	779	581	22%	682	550	19%
40~49세	873	695	27%	776	616	21%
50~59세	807	605	23%	865	671	23%
60세 이상	**899**	**366**	**14%**	**1,433**	**678**	**24%**
계	3,980	2,606	100%	4,340	2,870	100%

* 자료: 통계청 경제활동인구조사(2024. 11월)

그럼, 노년층이 일하는 실태와 이유에 대해 좀 더 알아볼까요? 2023년 노인실태조사에 따르면 "현재 수입이 있는 일을 하는가"라는 질문에 65세 이상 노인의 39%는 일을 하고 있다고 대답했습니다. 도시보다 읍면 지역이, 여자보다 남자가 일하는 비율이 높습니다.

70~74세도 38.9%나 일을 하고 계신데요, 10년 전인 2014년 28.9%과 비교하면 10년 만에 10%나 증가했습니다. 고령에도 불구하고 일을

놓지 못하고 오히려 일하는 노인이 늘어나고 있는 것이죠. 노인 독거가구보다 부부가구의 일하는 비율이 높은 점도 흥미롭습니다.

2023년 일 참여 실태

(단위: %)

구분		현재 일을 한다	일한 경험은 있으나 지금은 하지 않는다	평생 일을 하지 않았다	계
전체		39.0	47.1	13.9	100.0
지역	동부	33.7	50.1	16.1	100.0
	읍·면부	**53.9**	38.6	7.5	100.0
성별	남자	**48.2**	50.6	1.2	100.0
	여자	31.8	44.4	23.8	100.0
연령	65~69세	**59.4**	31.5	9.1	100.0
	70~74세	38.9 4	8.5	12.5	100.0
	75~79세	29.0	55.7	15.4	100.0
	80~84세	21.9	59.7	18.5	100.0
	85~89세	14.1	61.0	24.8	100.0
	90세 이상	5.9	73.5	20.5	100.0
가구 형태	노인 독거	34.9	51.2	13.9	100.0
	노인 부부	42.4	44.9	12.7	100.0
	자녀 동거	32.2	47.4	20.5	100.0
	기타 4	9.9	36.6	13.5	100.0

* 자료: 2023 노인실태조사, 한국보건사회연구원(24. 11월, 황남희) 재인용

일을 하는 목적은 생계비(77.9%)와 용돈 마련(6.9%) 등 경제적인 이유가 대부분입니다. 10년 전(2014년)에도 경제적인 이유가 87%로 가장 높았고 지역이나 성별, 연령, 가구 형태를 막론하고 일하는 목적은 모두 경제적인 이유가 가장 큽니다. 그 외에 '건강 유지, 시간 보내기, 능력 발휘'라는 항목은 5% 내외로 매우 낮습니다. 생계를 위해 쉬지 못하는 우리나라 노령층의 현실을 그대로 보여주고 있습니다.

이렇게 열심히 일하는 노령층 가구의 가계수지는 어떨까요? 60세 이상 가구주 가정의 월 평균 가처분소득은 318만 원, 지출은 278만 원으로 40만 원 흑자입니다. 65세 이상도 24만 원 흑자이긴 한데 금액이 작아 매우 빠듯한 생활을 하는 것으로 보입니다.

가구당 월 평균 가계수지

(단위: 명, 세, 만 원)

	가구주	가구원 수	가구주 연령	가처분 소득	근로소득	지출	가계수지
전국	60세 이상	1.9	69.8	318	147	278	+40
	65세 이상	1.8	73.7	263	95	239	+24
도시	60세 이상	1.9	69.3	328	162	290	+38
	65세 이상	1.8	72.8	272	104	250	+22

* 자료: 통계청 가계동향조사(2024, 3/4분기, 1인 이상, 명목 기준)

이렇게 열심히 일하는데도 한국의 노인빈곤율은 OECD 회원국(평균 14.2%, 2022년) 중 가장 높은 40.4%라는 사실이 너무나 무겁게 다가옵니다. 일본(20.2%), 미국(22.8%)과 비교해도 두 배에 가깝습니다. 물론 노후 빈곤을 낮추기 위한 정부의 제도적 지원이 있어야겠습니다만 우리 스스로도 30~40대부터 보다 적극적으로 노후 준비를 할 필요가 있음을 보여주는 현실입니다.

어디에, 어떻게 재취업하고 있을까?

최근 우리 경제가 장기 저성장 국면에 진입하면서 여기저기 삐걱대는 소리가 들리고 있습니다. 특히 내수 일자리 감소는 고용시장에도 영향을 미치고 있는데요, 중장년층이 주로 취업하는 건설업, 사업시설관리, 도소매업과 제조업도 코로나 이후 지속해서 감소하고 있습니다. 이렇게 어려운 경제 상황에서 우리 중장년층의 재취업 상황은 어떤지 통계로 살펴보겠습니다.

가장 오래 근무한 일자리(이하 '주된 일자리')에서 이직한 평균연령은 55~64세 기준 49.4세입니다. 남자는 51.3세, 여자는 47.7세인데요, 70세까지 일하는 장수 시대에 50세 전후에 퇴직하니 너무 이르네요. 조기 퇴직은 65세 국민연금 수급까지 15년간의 소득 공백 문제를 일으키는데 이는 결국 노후 준비에 본질적인 영향을 미칩니다.

주된 일자리 평균 이직 연령과 근속 기간

(단위: 세, 년)

	합계		남자		여자	
	55~64	55~79	55~64	55~79	55~64	55~79
이직 연령	49.4	52.8	51.3	54.9	47.7	51.0
근속 기간	15.8	17.5	19.3	21.4	12.4	13.7

* 자료: 통계청 경제활동인구조사_고령층 부가조사(24. 5월)

　다음 표를 보면, 55~64세 퇴직 사유는 폐업·해고가 41%, 가족 돌봄·건강 35%, 정년 9% 순입니다. 같은 순서로 남자는 51%, 16%, 15%이고, 여자는 32%, 51%, 5%입니다. 51세 남성이 주된 일자리에서 퇴직하는데 그 절반이 비자발적인 것이 현실입니다. 중장년층 가정경제에 직결되는 문제이고 노후 준비에도 큰 영향을 미친다는 점을 고려하면 매우 심각한 문제라 할 수 있습니다.

　그렇다면 이분들은 주된 일자리에서 벗어나 어떤 곳으로 재취업을 하고 있을까요? 55~79세 취업 경험자(23. 5월~24. 5월)의 71%는 이전 직장과 약간·매우 관련 있다로 조사되었습니다. 고용노동부 23년 고용보험(64~74년생) 분석에 따르면 전문 기술직과 현장직은 약 65%가 유사한 직종으로, 사무직과 서비스 판매직은 약 70%가 타 직종으로 이동했습니다.

주된 일자리 퇴직 사유

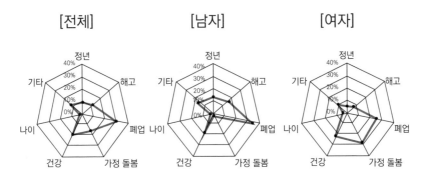

[전체] [남자] [여자]

* 자료: 통계청 경제활동인구조사_고령층 부가조사(24. 5월)

　재취업하는 업종은 연령대에 따라 다른 모습을 보입니다. 50대는 건설업, 제조업, 도소매, 숙박음식, 보건복지업 순서로 많이 하는데 60대는 보건복지, 건설업, 부동산업, 시설관리, 제조업, 숙박음식 순입니다. 종합해 보면 50대는 현장 노무직 위주이고 60대는 보건복지, 부동산업과 같은 서비스업 중심으로 이동하는 모습을 볼 수 있습니다.

　재취업자에게 지원하는 '내일배움카드' 직업훈련에 참여한 5060세대가 2024년 10월까지 가장 많이 수강한 과정은 '의료기술지원'이었습니다. 중장년 사이에 인기 있는 '요양보호사'가 이 분야의 대표적인 자격증인데 최근에는 남성 요양보호사도 늘고 있다고 합니다. 60대 재취업 1위가 보건복지업인 것을 보면 고령화에 따른 의료 수요 증가와 진입장벽이 다소 낮은 특성이 복합된 결과로 보입니다.

재취업자의 연령별_산업대 분류 간 일자리 이동

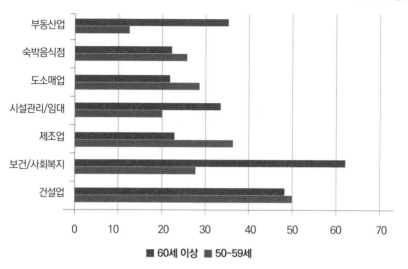

* 자료: 통계청_일자리 이동 통계_재등록자(24. 6월)
* 이전 일자리 비교 연도와 재등록된 기준 연도 간 비교(2020년과 2022년 이동 작성)

여기까지 중장년층은 언제 어떤 이유로 퇴직하고 어떤 직업으로 이동하는지 알아보았습니다. 다음은 구직과 재취업을 반복하는 과정에서 걸리는 시간과 소득의 변화를 살펴보겠습니다.

재취업 과정을 추적하는 통계가 많지 않은데요, 벼룩시장(2024년, 40세 이상 1,134명, 주된 직장 13.8년, 51.1세 퇴직)과 미래에셋은퇴연구소(2019년, 50~69세, 1,808명, 10년 이상, 52.2세 퇴직) 설문조사

결과를 소개하겠습니다.

먼저, 벼룩시장 조사는 주된 직장 퇴직 후 재취업에 성공했다는 답변은 51.8%, 구직 중은 30.8%, 재취업 단념은 17.5%입니다. 평균 구직 기간은 4.4개월이고 이때 소득은 50대는 24.5% 감소, 60대는 29.3% 감소하는 것으로 나타났습니다. 미래에셋은퇴연구소 조사에서 재취업 성공률은 첫 번째 49%, 두 번째 27%, 세 번째 14%로 재취업을 거듭할수록 큰 폭으로 하락합니다. 구직 기간은 재취업 단계별로 각 5개월이 걸렸고 이때 급여 하락률은 1회 36%, 2회 43%, 3회 46%로 계속 커집니다. 재취업 회차별 평균 재직 기간은 16~19개월로 2년을 버티지 못하고 있네요.

두 조사 결과를 종합해 보면, 주된 직장에서 50대 초반에 퇴직하고 5개월간 구직활동 후 절반만 재취업에 성공합니다. 급여는 초기 30~40% 하락을 경험하고 2년 미만 주기로 재취업을 반복하면서 소득은 절반 이하로 떨어집니다. 한마디로 '직장은 전쟁이지만 밖은 지옥이다'는 세간의 표현이 실감 나는 조사 결과입니다.

구직활동의 세 가지 포인트

곰곰이 생각해 보면 우리의 첫 직장 선택은 얼마나 우연적인지요. 한 사람의 인생이 참 어이없게 결정된다는 생각도 듭니다. 바로 저의 취업

주된 직장 퇴직 후 5060 재취업 동향

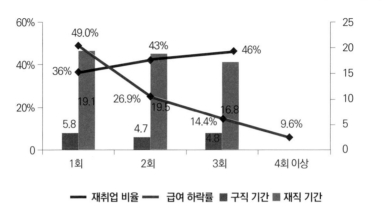

* 자료: 미래에셋은퇴라이프트렌드(2019)

이야기입니다.

30년 전에는 대학 4학년 1학기 초반부터 입사 지원서를 보내기 시작했습니다. 저는 여느 때처럼 오전 수업을 마치고 친구들과 함께 학교 식당으로 가고 있었는데 도서관 근처 현수막이 눈에 띄더군요. 「ㅇㅇ회사 캠퍼스 리크루팅 주간」, 희망자는 교내 지정 장소에 오면 간단한 회사 소개와 면접 기회를 준다는 것이었습니다. 호기심이 발동한 저는 친구들을 먼저 보내고 혼자 가보았습니다. 당시 저는 회사의 이름 정도만 알았지 업종 특성이나 입사하면 어떤 일을 하는지 전혀 몰랐습니다. 그냥 리크루팅 온 선배의 언변과 멋진 인상에 마음이 끌려 지원하게 되었죠. 그리고 몇 단계 채용 과정을 거쳐 운 좋게 입사했고 어찌하다 보니 벌써

30년째 다니고 있습니다. 인생의 항로가 이렇게 어설프게 정해질 줄은 저도 몰랐습니다.

그런데 이 아이러니가 우리 인생에서 한 번 더 생깁니다. 바로 5060 퇴직 후 재취업이죠. 첫 번째 취업은 허술하게 시작했지만 남은 인생만큼은 내가 원하는 일을 하며 살고 싶은 마음도 큽니다. 가능하다면 먹고살기 위한 생계형 일자리보다는 좀 더 의미 있고 행복한 일을 찾아 70세까지 현역으로 남고 싶습니다. 하지만 현실은 우리의 작은 소망을 쉽게 들어주지는 않는 것 같습니다.

주된 일자리 퇴직 후 대부분은 상당한 경력 가치의 하락을 경험하게 되죠. 5060 다수가 상대적으로 훨씬 열악한 계약직 일자리에 의존하고 짧은 재직 기간과 이직을 반복하며 아까운 60대를 보냅니다. 7080 어르신들이 가장 많이 하시는 말씀은 '인생 짧더라, 돌아보니 허무하다'입니다. 열심히 살았고 인생 후반이 아주 나쁘진 않았지만 왜 그렇게 바쁘게만 살았는지 흘러간 인생이 아쉽다고 하십니다.

그래서 퇴직 후에는 자신이 좋아하는 일을 찾아 70세까지 꾸준히 하는 것이 중요합니다. 삶의 만족도가 높다면 월 100만 원 수입도 아주 의미 있는 일자리입니다. 급한 마음에 재취업 전선에 뛰어들기보다 조금 여유를 가지고 내가 좋아하는 일이 무엇인지, 하고 싶은 일은 어떤 건지 차분하게 내면을 살펴봐야 합니다. 되도록 퇴직 전에 재취업 방향이라도 결정하고 나오는 것이 좋습니다. 그렇지 않으면 퇴직 후 여러 직장과 직업을 회전하면서 시간을 허비하기 쉽습니다.

중장년은 재취업 시 기존 경력을 활용해 같은 분야에서 일을 할 것인지, 아니면 새로운 분야로 진출할 것인지를 먼저 판단해야 합니다. 요즘에는 기존 경력과 유사한 업종으로 재취업하는 경향이 좀 더 강해지고 있습니다. 재취업 시장의 경쟁이 치열해지면서 새로운 분야보다는 경력 활용이 가능한 안정성을 선택하는 것이죠. 그럼, 재취업 구직활동에 중요하지만 자칫 소홀할 수 있는 포인트를 짚어보겠습니다.

우선, 자격증입니다. 많은 5060세대가 취업이 잘된다고 알려진 전기, 소방, 안전, 장비 운전직 같은 분야의 자격증에 도전하고 있습니다. 재취업 시장에서 자격증은 없으면 지원도 못 하지만 있어도 취업을 보장하지는 않는 그런 존재입니다. 사용자는 좀 더 젊고 능숙한 경력자를 선호하기 때문이죠.

자격증은 자격증일 뿐 실력을 갖추기 위해서는 초기 경력을 쌓는 것이 중요한데요, 중장년은 이게 쉽지 않습니다. 이전에 경험하지 못한 기술직 재취업은 생각보다 체력 부담이 크고, 현장의 기술 텃세도 있어 나이 많은 신참을 부담스러워합니다.

우리나라 국가 공인 자격증은 700여 개, 민간 자격증은 4만여 개가 있다고 합니다. 자기 적성에 맞는 분야의 자격증을 골라야겠지만 취업만 놓고 본다면 구인이 많은 자격증이 유용합니다. 잡코리아, 사람인, 탤런트뱅크(talentbank) 같은 구인 사이트나 고용24(work24.go.kr) 같은 공공 취업 포털에서 구인 검색을 해보고 수요가 많은 자격증인지를 먼저 확인해 보셔야 합니다. 어렵게 취득했는데 구인이 적어 취업과 연결이 잘 안 되는 자격증만 여러 개 있는 경우도 많습니다.

두 번째는 인적 네트워크 관리입니다. 취업 경로에 관한 통계가 별로 없는데 취업 컨설팅 현장 전문가들은 의외로 알음알음 소개 케이스가 많다고 합니다. 지인의 소개를 통한 재취업이 성공률, 양질의 일자리, 근무 지속성 등 여러 측면에서 아주 유용한 통로라는 겁니다. 그런데 우리 중장년들은 이런 네트워크를 만들고 활용하는 것을 어려워합니다. 체면이나 자존심 때문인지 모르지만 대체로 수동적이고 자신을 광고하는 것에 익숙하지 않습니다.

저는 두 달 전에 퇴직한 60대 중반의 한 지인을 만났습니다. 외식업계에서 잔뼈가 굵은 분인데 60세 넘어서도 지역 총괄 본부장으로 근무했으니 그 능력을 인정받은 분이죠. 그런데 주변에 자신의 퇴직 사실을 알리지 않고 개인 창업을 준비한다고 하더군요. 가까운 사이인 저에게도 퇴직 사실을 알리지 않은 걸 보면 충격이 좀 컸던 것 같습니다.

사실 고위직에서 퇴직한 분일수록(임원은 대부분 갑작스러운 퇴임을 맞습니다) 주변과의 소통 없이 칩거하는 경우가 많습니다. 현실을 받아들이는 시간이 필요한 것이죠. 저는 잠시 휴식 기간을 갖고 한 템포 쉬어갈 것을 제안했습니다. 그럼에도 곧바로 재취업 또는 창업을 원한다면 주변 지인들 네트워크나 전문가 상담을 적극적으로 활용하시라고 말씀드렸습니다.

재취업을 위해서는 퇴직 이전에 되도록 많은 사람을 만나세요. 거래처 사람들이나 먼저 퇴직한 선후배들에게 밥값 술값 아끼지 말고 관계를 유지하는 것이 필요합니다. 퇴직 후에는 적극적으로 자신의 상황을 알리고 조언을 구하는 것이 좋습니다. 우리나라 중장년 재취업은 능력도 중요하지만 인간적 신뢰나 호감에 기반한 소개가 무척 중요하게 작용한다는 점을 잊지 마세요.

셋째는 재취업 기관과 전문가의 조언을 받으라는 것입니다. 퇴직한 많은 중장년층이 의외로 혼자서 해결하려는 경향이 있습니다. 혼자서 여러 구직 사이트를 찾아다니며 동일한 지원서를 여기저기 보내죠. 요즘은 지원서를 200개 정도 보내면 두세 곳에서만 회신이 온다고 하는데 취업이 아니라 면접 기회도 얻기가 어렵습니다. 몇 번의 면접 실패와 취업 낙방을 경험하면 어느새 자신감과 통장 잔고는 바닥을 보이고 마음은 점점 조급해집니다. 일단 일을 하고 보자는 식으로 계약직이나 일용직에 나서거나 남은 퇴직금으로 프랜차이즈 창업을 알아보기 시작하죠.

하지만 우리나라에는 의외로 많은 중장년 취업지원센터가 있습니다. 현장 경험이 많은 취업 컨설팅 전문가들이 열정적으로 도움을 주고 있으니 이런 기관을 적극적으로 활용할 필요가 있습니다. 지자체별로 고용복지플러스센터, 50플러스센터, 중장년내일센터와 같은 이름의 기관에서 생애 경력 설계, 전직스쿨, 1:1 맞춤 상담 등 다양하고 전문적인 프로그램을 운영하고 있습니다.

혼자서만 고민하지 마시고 발품 팔아 노크하다 보면 취업 지원뿐만 아니라 자신을 객관적으로 평가할 수 있는 시각도 생기면서 좀 더 적절한 대안을 찾을 수 있을 것입니다.

5060 재취업 유형별 사례

1. 유사 업종으로 재취업

"친구야, 50대인데 혹시 너희 회사에 입사했거나 퇴사 후에 유사한 업종으로 취직한 사람 있니?"

50대 중반인 오랜 친구는 의료기기를 제조하는 지방 중견기업의 공장장입니다. 이 친구도 30대에 기술자로 변신해서 전자기기 회사를 거쳐 지금의 회사에 15년 정도 다니고 있죠.

"50대? 50대는 요즘에 나가면 취업 안 돼. 단순 생산직 아니면 찾는 회사가 없어. 그냥 딱 붙어 있어야지. 나도 마찬가지야."

"그럼, 너희 회사도 50대는 안 뽑아?"

"우리 회사도 얼마 전에 생산 기술자 채용 공고를 냈거든. 4~50대 지원서가 많이 들어왔는데 50대는 아예 쳐다도 안 보고 40대도 특별한 전문 기사 아니면 거의 안 뽑아. 4~50대는 현장에서 좀 부담스럽지. 그리고 현장 일이란 게 또 아주 전문적인 건 아니거든."

친구의 말을 듣고 요즘 중장년들의 재취업이 얼마나 어려운지 실감했습니다.

고령층 지난 1년간 구직 경로

- 전체: 공공 알선 기관 > 소개 부탁 > 민간 기관 > 인터넷
- 남자: 소개 부탁(37%) > 공공 알선 기관(29%) > 민간 기관(12%)

(단위: 만 명)

	구직 경험자	공공 기관	소개 부탁	민간 기관	인터넷 신문	방문 기타
전체 (비율)	330 (100%)	120 (36%)	102 (31%)	37 (11%)	34 (10%)	36 (11%)
남자	164	47	60	20	16	21
여자	166	73	42	17	18	15

*자료: 경제활동인구조사(24. 5월 기준, 고령층부가조사)

 중장년 취업지원기관의 프로그램(예시)

1. 재취업 및 창업 지원
   - 경력 진단, 생애 설계를 통한 이력서, 면접 컨설팅, 취업 알선
   - 창업 절차, 세무·회계, 사업 자금 컨설팅

2. 생애 경력 설계
   - 재직자 경력 관리, 역량 개발을 통한 제2의 인생 준비
   - 구직자 생애 경력 설계 서비스 제공

3. 전직 지원
   - 퇴직 전후 1:1 맞춤형 직무 역량 평가, 직업 전환 교육
   - 취업 동아리, 신중년 재취업 패키지 등

60대 중반의 D씨는 지금 세 번째 직장에 다닙니다. 50대까지는 꽤 큰 기계 부품 회사에서 B2B 영업을 담당했죠. 기존 고객사에 판매 확대와 신규 거래처를 개척하는 쉽지 않은 일이었습니다. 하지만 키맨 관리 역량이 뛰어나고 성실함으로 무장했던 D씨는 영업 성과를 인정받아 임원까지 승진했습니다.

D씨의 영업 노하우는 바로 고객의 마음을 사서 협력자로 만드는 것이었죠. 여러 영업 에피소드 중 한 가지만 소개하겠습니다. D씨는 임원이 된 후에도 주말이면 부인이 운전하는 차를 타고 고객사 키맨의 집을 찾았습니다. 당황하는 고객에게 백자 항아리를 건네며 "지나가다 생각나서 들렀습니다. 이거 제 안사람이 건강에 좋은 양념으로 직접 담근 김치입니다"고 건네면 대부분 고객은 깜짝 놀란다고 합니다. 거래처 50대 임원이 부인과 함께 집에 찾아온다는 건 그 당시에도 일반적이지는 않았죠.

"상무님, 이제 이렇게까지 하지 않아도 되는데 굳이 하시는 이유가 있습니까?"

"나는 주말에 쉬고 있으면 경쟁사에서 고객 활동을 더 하고 있을까 봐 나오는 거야."

D씨는 사무실 근무 중에 갑자기 눈에서 피가 흘러나온 적도 있고, 과음으로 당뇨가 있어 인슐린 주사를 배에 꽂고 고객사 접대를 한 적도 많았죠.

정말 대단한 영업맨이었지만 직장인의 숙명처럼 50대 중반에 퇴임했습니다. 보통 임원은 퇴임 통보를 받으면 곧바로 짐 싸서 집으로 가는데 D씨는 한 달 동안이나 혼자서 거래처 퇴임 인사를 다녔다네요. 그런데 이런 모습을 오랫동안 지켜본 고객사 오너가 부르더랍니다. 제품은 달라도 B2B 비즈니스는 비슷하니 임원으로 와달라는 오퍼였죠. 이렇게 재취업에 성공해 4년을 더 다녔는데 워낙 자신의 영업 철학이 확고했고 기업의 조직 문화와 백업 시스템도 달라서 더 길게 다니지는 못했습니다.

세 번째 재취업은 첫 번째 직장의 선배가 운영하는 원부자재 납품 회사입니다. 다른 건 몰라도 영업 역량은 탁월했기 때문에 OB 모임에서 추천해 준 것이죠. 60세에 3차 재취업을 하고 지금도 5년째 근무하고 있으니 정말 대단한 분입니다. 이제는 왕성한 고객 활동은 못 하지만 아직도 예전 거래처와 연을 유지하며 여전히 B2B 마케터로서 역할을 잘하고 계십니다.

B2B 마케팅이라는 직무를 중심으로 고객의 마음을 산다는 '업의 개념'으로 무장하여 60대 중반까지 현역으로 활동한 사례입니다. 요즘 중장년층의 재취업이 어려운 시기입니다만 인적 네트워크 관리, 주변에 나의 퇴직 알리기, 열정으로 대응한다면 성공 확률을 높일 수 있다는 시사점을 줍니다.

2. 전혀 다른 업종에 재취업

S씨는 2년 전 56세에 희망퇴직을 했습니다. 다니던 의류업체는 56세

임금피크제 대상이 되면 급여가 30%나 깎이기 때문에 대부분 희망퇴직을 선택한다고 합니다. 굳이 버틴다면 정년까지 다닐 수는 있었지만 조금이라도 젊었을 때 원하는 일을 찾아 기반을 다지고 싶었습니다. 평소 70세까지 일하고 싶은 생각이 컸던 S씨는 60세에는 새로운 일을 시작하기가 좀 버겁다고 느꼈다는군요.

그는 퇴직 시점을 어느 정도 예측할 수 있었기 때문에 여러 자격증을 알아보았는데 무엇보다 자신이 잘하고 좋아하는 일을 하고 싶다는 생각이 강했습니다. 회사 생산관리 부서에서 오래 근무하면서 직원들을 가르치거나 교육 강사를 할 때 만족도가 높았던 기억을 떠올리며 이와 비슷한 일을 찾고 싶었죠. 그러던 중 외국인에게 한국어를 가르치는 '한국어 교원 자격증'을 알게 되었고 마침 K-음악과 드라마 같은 한류 문화가 인기를 얻으면서 전망도 좋아 보였습니다. 목표를 정한 S씨는 학점은행제를 통해 1년 반 만에 자격증을 취득했습니다. 퇴근 후 저녁 시간과 주말 전부를 할애하여 열심히 준비한 결과였습니다.

S씨는 퇴직하자마자 한 교육기관에서 모집하는 '국외 파견 한국어 교원 선발'에 도전했습니다. 실무 경력이 없었기 때문에 당연히 떨어질 것으로 예상하고 국내에서 1~2년 정도 교육 경력을 쌓을 생각이었죠. 그런데 신청한 방글라데시에서 결원이 발생해 아주 운 좋게 선발이 되었다고 합니다. S씨는 회사 재직 중 방글라데시 공장을 지을 때 생산설비 이전과 유지보수 교육을 위해 2년 정도 파견 근무한 경험이 있었는데 이게 선발에 도움이 되지 않았나 생각했습니다.

그런데 퇴직 후 3개월 만에 막상 해외로 취업을 떠나려 하니 한 가지 아쉬운 부분이 있었습니다. 바로 '실업급여'를 받지 못하는 것이었죠. 한국어 교원 급여가 많지 않기 때문에 좀 아까웠지만 그래도 이번 기회를 놓치면 또 언제 될지 모른다는 생각에 파견 교육에 입소했습니다.

사실 적지 않은 퇴직자들이 실업급여를 받는 9개월 동안은 좀 쉬고 종료 후 재취업에 나서려고 합니다. 하지만 재취업 시장에서 1년은 짧지 않은 경력 단절 기간이고 취준생 1년이 넘어가면 힘들어질 수 있습니다. 주변 지인들과의 연락도 뜸해지는 기간이라 도움을 받기도 애매해지죠. 그래서 재취업 전문가들은 '실업급여 기간'에 얽매이지 말고 적극적으로 재취업 활동을 하라고 권장합니다. 중도에 취업이 되면 남은 기간 실업급여의 50%를 받을 수도 있으니까 너무 아까워 마시고요.

S씨는 파견 교육을 마치고 방글라데시의 현지 학교에서 한국어 교원으로 2년째 근무하고 있습니다. 단신 부임이라 생활이 좀 불편하기는 해도 젊은 친구들과의 생활이 활기차고 한국의 언어와 문화를 알리는 일에 보람을 느낀다고 합니다. 나중에 귀국하면 좀 더 공부해서 70세까지 일할 수 있는 전문성을 더 쌓고 싶다고 하네요. 오랫동안 의류 제조업에서 근무했는데 퇴직 후 인생 2막은 자신이 선택한 교육 분야에서 즐겁게 일하는 모습이 참 보기 좋습니다.

S씨 사례는 퇴직 전후가 전혀 다른 분야이지만 재직 시절 경험한 직무 가운데 자신에게 잘 맞았던 기억을 살려 선택한 것이 주효했습니다.

재직 중 시간 내기가 쉽지는 않겠지만 퇴직 전에 방향을 잡고 자격증을 따두는 것도 좋은 전략입니다.

역시 자신은 어떤 일이 즐겁고 무슨 일을 할 때 행복한지를 아는 것이 먼저입니다. 그래야 여기저기 직업적 회전으로 시간을 낭비하지 않고 의미 있는 인생 2막을 만들 수 있습니다.

3. 어쩌다 사장, 자영업 창업

54세 L씨는 3년 전 51세의 나이에 23년이나 다니던 회사에서 명예퇴직을 선택했습니다. 대학 졸업 후 첫 직장이라 아쉬움이 무척 컸죠. 회사에서는 주로 영업과 마케팅 부문에서 경력을 쌓았는데 단기지만 해외 파견 근무를 다녀온 적도 있습니다. 새로운 사람을 만나고 교류하는 것을 좋아하는 성격에 업무 성과도 나쁘지 않았지만 40대 후반부터 승진 스트레스가 무척 컸다고 합니다.

1990년대 후반 채용이 많았던 시기에 입사했기 때문에 동기와 선후배 사이에 보이지 않는 내부 경쟁도 심했죠. 그렇게 한두 해 승진에서 누락되자 그는 과감하게 퇴사를 결심했습니다. 만년 차장으로 다닌다고 해도 정년까지 10년도 채 남지 않았고 정년퇴직할 수 있다는 보장도 없었죠. 결혼이 늦어 아직 초등학생인 아이를 생각해서라도 조금 일찍 퇴직해서 자리를 잡는 게 낫겠다는 생각도 컸습니다.

퇴직한 L씨의 계획은 명확했습니다. 바로 음식업을 해보고 싶었던 것입니다. 평소에도 요리하는 걸 무척 좋아했고 주말에 집 주방은 늘 자기

차지였죠. 거기다 파견 근무 때 경험한 아시아 요리에 관심이 있었기 때문에 이를 접목한 퓨전 요리로 세부 방향을 잡았습니다. 주변 지인과 가족들은 낮은 창업 성공률과 실패 사례를 언급하며 두 손 들고 말렸지만 L씨는 확고했습니다.

오랜 회사 생활을 통해 몸에 밴 기획력과 단계별 세부 전략을 치밀하게 준비했습니다. 신사업 리스크를 줄이고자 우선 유사한 음식점 주방에 아르바이트로 들어가 1년 동안 주방 일을 배웠습니다. 다음으로 오랫동안 식당업을 한 친구와 함께 배달 전문 공유 주방에 입점하여 자신의 신메뉴를 개발했고 고객의 반응을 살펴가며 수정을 거듭해 착실히 준비했습니다.

그렇게 음식에 자신이 생길 즈음 드디어 자신의 가게를 오픈했습니다. 퇴직 후 꼬박 2년 동안 최선을 다해 노력했기 때문에 이제 자신 있게 도전해 보고 싶었던 것이죠. L씨는 서울 서남부 전철역 주변에 있는 먹자거리에 작은 가게를 임대했습니다. 인근 디지털밸리에 출퇴근하는 젊은 직장인이 많이 사는 역세권이라 승산이 있어 보였습니다. 초기 위험을 줄이고자 면적이 좁은 가게를 선택했고 일식과 중식 위주의 퓨전 요리 집을 열었습니다. 단가가 저렴한 소량 다품종으로 한두 사람이 간단한 식사나 안주에 하이볼을 즐기는 콘셉트의 식당이었습니다. 부담 없는 가격에 음식도 꽤 수준이 높았기 때문에 젊은 손님들 위주로 SNS에 소문이 났고 테이블 회전도 높아 개점 2년 차에 접어든 지금은 한숨 돌릴 여유가 생겼다고 합니다.

요즘 같은 불경기에 안정적인 초기 정착이 정말 대단하다고 격려했더니 손사래 치며 이제 시작이라고 겸손해합니다. 사업도 이제 시작이라는 자세로 계속해서 신메뉴 개발과 영업 모델 연구를 통해 꼭 성공하리라 다짐하고 있습니다. 아직 성공도 실패도 아니지만 도전의 길에 있는 L씨에게 큰 박수와 응원을 전합니다.

이 사례는 신박한 아이디어나 성공 노하우를 말하고자 하는 게 아닙니다. 다만 20년간 회사원이었던 사람이 자영업 시장에 초기 진입하는 과정을 공유해 비슷한 고민을 하는 분들에게 참고가 되었으면 합니다. 보통 재취업 실패를 몇 번 겪으면서 '조급한 마음에', '자유롭게 일하고 싶어서' 어쩌다 사장이 되는 경우가 많습니다.

과도한 자신감으로 무리하게 투자 비용을 늘리는 것은 절대 주의해야 합니다. 우리 경제가 앞으로 장기 저성장에 소득이 줄면 소비 위축, 경쟁 심화, 비용 부담 증가로 창업에 부정적인 영향을 줄 가능성이 크기 때문입니다. 그래도 창업을 고민한다면 사전에 치밀한 계획을 세우고 해당 업종에 시간과 노동을 투입하여 철저히 준비하는 단계가 꼭 필요하다는 점을 기억하세요.

4. 취미가 직업이 된 사연

'덕업일치'라는 말이 있습니다. 자기가 열성적으로 좋아하는 분야의 일을 직업으로 삼는다는 뜻입니다. 덕후는 한 분야에 미칠 정도로 빠진 사람을 의미하는 일본말 '오타쿠(마니아)'를 한국식 발음으로 바꿔 부른 '오덕후'의 줄임말입니다. 덕후 활동에 몰입하는 것을 덕질이라 하고 덕질과 직업이 일치하는 삶을 '덕업일치'라고 하니 어원이 복잡한 신조어네요. 영어로는 하비프러너(hobby+preneur)로 취미를 사업으로 확장하여 수익을 내는 사람입니다. 취미가 직업이고 돈도 벌 수 있다면 얼마나 좋을까요. 하지만 취미를 직업으로 삼으면 일의 대상이 돼버려 오히려 흥미를 잃을 수도 있다고 합니다. 아무튼 취미를 직업으로 바꾼 분들은 사업이나 자영업으로 풀어내는 경우가 많은데 다음은 마라톤 취미를 통해 재취업으로 연결된 사례입니다.

작은 무역회사에 다니는 M씨는 여러 나라 시간대에 맞춰 일하는 불규칙한 업무로 40대 초반 건강에 이상 신호가 나타났습니다. 너무 이른 나이에 건강을 잃지 않을까 걱정하던 M씨는 친구의 권유로 달리기를 시작했습니다. 요즘 마라톤 좋아하는 분들 많으시죠? 국내 마라톤 인구 200여 만 명, 크고 작은 대회만 300개가 넘는다고 합니다. 함께 모여 달리는 모임인 러닝 크루 열풍에 마라톤대회에 참가하는 사람들도 늘고 있고요.

M씨도 소셜미디어를 통해 러닝 크루에 가입했고 주말마다 달리기 연습에 나가더니 지금은 마라톤 덕후가 되었습니다. 대여섯 개 동호회에 가입해 1주일에 4번 정기 러닝에 참여하는데 매번 20km, 한 달이면 약 300km를 뜁니다. 고수 소리를 들으며 여기저기 다양한 구간의 마라톤

대회에도 참가했는데 요즘은 풀코스를 3시간 이내에 완주하는 서브스리(Sub-Three)에 도전하고 있죠.

지난 10년 동안 산악마라톤, 단거리, 중장거리 여러 대회에 참가했고 일부 대회에는 진행 요원이 되어 길 표시나, 의료 대기, 물품 지원 같은 경력을 쌓았습니다. 그러다 최근에 한 사단법인으로부터 이사 직책으로 정규직 오퍼를 받았습니다. 마라톤 행사 기획, 동호회 콘택트, 진행 알바 모집과 교육 등 연간 대회를 총괄하는 직무입니다. M씨는 그동안 무역회사를 두 번이나 옮겼고 50대에는 다른 잡(Job)으로 바꾸려는 계획이 있었기 때문에 조만간 이직할 생각입니다. 자신이 좋아하는 달리기와 연관된 일을 하면서 정년까지 안정된 직장이 보장된다고 생각하니 열심히 해온 취미 활동이 뿌듯하다고 합니다.

중소 제조업체 사무직인 K씨는 20년 전 결혼 선물로 받은 DSLR 카메라의 매력에 빠져 오랫동안 사진을 취미로 살았습니다. 사진동호회에 가입해서 주말이면 출사에 참여하고 대학의 평생교육원에서 전문 강좌도 몇 차례 수료했습니다. 장비 값 부담이 컸지만 시간과 비용이 쌓이면서 사진도 전문가 수준에 이르게 되었죠. K씨는 인물 사진을 좋아해 자신의 인스타그램에 국내와 해외에서 찍은 다양한 인물 사진을 올리고 있습니다.

그동안 지인들의 요청에 돌잔치나 부모님 사진, 회사 사진 봉사를 하곤 했는데 주변의 평가가 좋아 '사진이 돈이 될 수도 있겠구나' 하고 생각하게 되었습니다. K씨는 사진으로 생활이 가능한지 시험해 보기 위해 사진관 행사 아르바이트, 주말엔 여행 동행 사진 등 여러 경력을 쌓았고 마침내 전업 작가의 길에 들어섰습니다.

지금은 회사를 나와 블로그를 운영하며 소셜미디어를 활용한 프리랜서로 활동하고 있죠. 전업 사진작가는 전문 기술은 기본이고 고객과의 소통이 매우 중요한 직업이라고 말합니다. K씨는 고객들에게 친절하고 좋은 작품과 추억을 남기면서 입소문 꼬리 소개로 '덕업일치'의 삶을 개척하고 있습니다.

5. 자격증으로 재취업 사례

50대 중반 H씨는 대학에서 국문학을 전공하고 언론 출판업계에서 오랫동안 근무했습니다. 지역 신문사 기자로 사회생활을 시작했지만 2007년 스마트폰이 보급되며 인터넷 포털로 기사 수요가 이동하자 경영난에 봉착한 회사에서 퇴직하게 되었습니다.

그는 30대 후반에 출판업계로 이직해 편집과 영업 부문에서 일하며 소형 출판사 몇 곳을 전전하다 50대 초반에 완전히 퇴직했습니다. 그런데 언론·출판업 출신의 사무직은 재취업 시장에서 환영받지 못하는 경력이었습니다. 아이들이 학생이었기 때문에 H씨는 마음을 굳게 먹고 자격증을 따 기술자로 변신하기로 했습니다.

여러 자격증을 알아본 끝에 가장 수요가 많고 오랫동안 일할 수 있는 전기기사에 도전해 2년 만에 어렵게 합격했습니다. 전기 일은 크게 전기공사와 시설 관리로 나뉘는데 전기공사 쪽은 오랜 현장 경험과 체력이 없으면 새로 진입하기는 어려웠습니다.

첫 번째 직장은 도시 외곽의 공공건물 시설 관리 업체였습니다. 자격증만 있을 뿐 실무는 처음이라 걱정이 많았는데 다행히 간단한 전기설비와 기타 시설물 유지보수 업무로 일은 할 만했습니다. 하지만 인근 도시 외곽으로 출퇴근 거리가 너무 멀었고 무엇보다 보수가 낮아 1년 반만에 퇴직했습니다. 다행히 전기기사는 수요가 꾸준해서 구직 기간이 오래 걸리진 않았습니다.

두 번째 직장은 대형 산업단지의 전기관리 전문 업체였습니다. 회사 규모도 있고 나름 보수도 괜찮아 오래 다니고 싶었죠. 하지만 기술 경력이 많지 않은 50대 신참은 현장의 젊은 직원들과 공동 작업이 쉽지 않았습니다. 기술력을 시험해 보기도 하고 일부러 난이도 있는 작업을 맡기는가 하면 전문 기술은 잘 가르쳐 주지 않는 텃세도 있었습니다. 평소 매우 성실하고 세심한 스타일의 H씨는 스트레스가 너무 큰 나머지 퇴직할 수밖에 없었다고 합니다. 그 후 건설안전기사로 방향을 바꿔 지방 현장의 계절성 계약직으로 꾸준히 일하고 있지만 50대 중반의 나이에 아직은 미숙련 기술자 입장이라 여전히 고생하며 기술을 익히고 있습니다.

50대 P씨는 굴삭기 기사입니다. 20년 넘은 베테랑 기사로 한강 아래 서부 현장은 어디든 찾아가는 전국구입니다. 차주는 따로 있고 자기는 일당 기사로 뛰는 시스템이죠. 각지에 지인들이 있어서 현장이 생기면 차주들은 전문 기술을 보유한 P씨를 찾는데 일당은 30만 원 이상이지만 일감이 꾸준하지 않은 게 단점이라네요. 처음에는 지게차로 시작했다가 단가가 높은 굴삭기로 전환해 초기에는 기술을 배우기 위해 고생도 많았답니다.

50대 중장년이 굴삭기 자격증을 땄다고 해도 작업 기술이 부족하면 출근한 현장에서 쫓겨나는 경우도 많고 다음 일을 받기도 힘들죠. 요즘도 기술을 배우기 위해서는 배테랑 기사의 보조 기사로 몇 달 동안 따라다녀야 하는데 무임금이라고 합니다. P씨는 신참이 기술 눈썰미에 일머리도 있고 성격이 맞는 경우에만 기술을 가르쳐 준다고 하네요. 만약 이런 과정을 이겨내지 못하면 일당이 낮은 소형 굴삭기나 간단한 현장 위주로 작업 범위가 줄어든다고 합니다.

많은 퇴직자들이 요즘 어떻게 지내냐고 물으면 자격증 공부를 한다고 합니다. 하지만 자격증을 따기는 땄는데 쓸모가 별로 없더라는 사람도 많습니다. 자격증을 선택하기 전에 국가 공인인지 민간 자격증인지, 구인 공고가 얼마나 있는지, 자격증은 좋지만 내 나이로 시작할 수 있는 것인지, 무엇보다 자신에게 적합한 일인지 꼼꼼히 체크해 보고 도전하시기 바랍니다.

3장

....

실버 서바이벌 게임 START!
20년 후, 당신의 자리는?

2025년 올해 1965년생을 시작으로 향후 10년간 무려 872만 명이 공식적으로 퇴직합니다. 현재의 60대보다 100만 명이나 더 많습니다.

그런데 1975년생이 퇴직하는 2035년부터 10년간 또 777만 명이 기다리고 있습니다. 올해부터 20년간 1,650만 명이라는 어마어마한 인구가 은퇴 시장으로 진입하는 것입니다.

베이비부머, 좀 쉬자

1964년생 용띠인 김민철 씨는 올해로 만 60이 되어 얼마 전 정년퇴직을 했습니다. 세월이 언제 이렇게 흘렀나 하는 생각이 들고 그나마 괜찮은 회사에 들어와 참 오래도 다녔다 싶었습니다. 다행히 대학을 졸업해 좋은 기회를 얻었다고 생각합니다. 공무원처럼 61세까지 1년이라도 더 다니고 싶지만 회자정리(會者定離)라고 하지 않았던가요.

민철 씨가 고등학교를 졸업한 1983년은 인문계와 실업계 고등학교를 합쳐 총 57만 명이 졸업했는데 그중 22만 명이 대학에 갔습니다(교육부 교육기본통계). 58년 개띠인 큰형님이 고등학교를 졸업한 1977년은 졸업생 36만 명 중 7만 8,000명만 대학에 갔다고 하니 그나마 늦게 태어나 운이 좋았다고 생각합니다. 진학률 38% 안에 들어 대학에 합격하자 아버지는 둘째 아들인데도 대학은 보내야 한다며 소 팔고 논 팔아 향토장학금을 보내주었습니다. 민철 씨는 마침 1980년대 우리 경제 3저(저달러·저유가·저금리) 호황 덕분으로 취업 걱정은 별로 하지 않았습니다.

직장생활은 만만치 않았습니다. 1990년에 입사해 5년 만에 주무 대리가 되었는데 1997년 IMF 외환위기가 터져 많은 선배와 동료들이 회사를 떠나야 했습니다. 그분들에 비할 바는 아니지만 남은 사람들도 새로운 환경에 적응하기가 쉽지 않았습니다. 회사는 생존이 목표라며 글로벌 스탠더드를 외치기 시작했고 업무와 연관도 없는 영어 자격증을 따라고 했습니다.

인사 제도도 크게 바뀌어서 연봉제를 도입하고 상대평가를 통한 내부 경쟁으로 조직 긴장감도 높아졌습니다. 1997년까지 대거 채용한 결과로 승진은 적체되고 고과평가도 빡빡해져 성과급과 연봉의 승감 스트레스가 계속 커져만 갔습니다. 어렵게 근무 연수와 고과를 챙겨 승진이라도 할라치면 직급별 체류 연한이 늘어나 진급은 3~4년씩 정체되었습니다.

토요일 출근하던 시절이라 민철 씨는 일요일에 결혼식을 했습니다. 회사 결혼 휴가 5일 규정 때문에 빠듯한 신혼여행과 양가 1박씩 마치고 토요일에 출근했다고 합니다. 술 잘 마시는 사람이 일도 잘한다는 직장 문화로 일주일에 3~4일은 회식이었고 시내버스 막차의 단골이 되었습니다. 아무리 술을 마셔도 다음 날 지각은 용인되지 않았기 때문에 심야까지 과음한 날이면 회사 회의실에서 신문지를 이불 삼아 자는 날도 많았습니다.

그렇게 회사 생활 20여 년 만에 어렵게 부장이 되었습니다. 민철 씨 선배 부장들은 관리자 역할이었지만 이제는 실무자에 가까웠고 의사결정 권한도 갈수록 축소되었습니다. 회사는 성과를 요구했고 새로운 인류라는 MZ 세대 직원에 대한 관리책임도 강조했습니다. 실적 스트레스는 과거 방식으로 내리면서 조직 관리는 요즘 방식으로 하라는 것인데 낀 세대의 고통이 진퇴양난이었습니다. 월요일 출근 걱정에 일요일 저녁만 되면 동네 뒷산에 올랐다던 선배의 말이 떠올랐습니다.

그래도 젊은 직원들과 웃고 울며 나름 성과도 내고 부장까지는 잘 마무리했습니다. 일에만 매달렸으나 능력이 부족해서인지 임원 승진은 다른 사람들의 일이라 여겼습니다. 이제 무대에서 내려와야 하는 시점이 온 것입니다. 당시엔 부장을 하다가도 다시 실무자가 되는 사례가 하나둘 생기기 시작했습니다. 민철 씨도 오래 다니는 것을 목표로 했기 때문에 다시 팀원을 선택했습니다. 후선 부서에 배치되어 업무 부담이 크지는 않았지만 후배들 눈치도 봐야 했습니다.

주변 친구들에 비하면 정년까지 다닐 수 있었던 것을 큰 행운이라 생각합니다. 그렇게 30여 년의 오랜 회사 생활을 마무리했고 이제 노후를 걱정하는 나이가 되었습니다. 민철 씨는 베이비부머의 중간 세대로 태어나 어딜 가나 사람이 넘쳤고 치열한 경쟁을 피할 수 없었습니다. 인생 전반을 뒤로하고 60을 넘긴 마당에 이제는 좀 여유를 찾고 싶다는 생각이 듭니다.

1차 베이비부머는 어떻게 살고 있을까

민철 씨를 포함해 55년부터 64년생까지 1차 베이비부머는 최근 10년간 777만 명이 공식적으로 퇴직했습니다. 이분들은 전쟁 후 경제 기반이 취약한 나라에서 태어나 이른바 산업 역군으로 일해오신 분들입니다. 1988년에 시작된 국민연금 덕분으로 일부는 공적연금도 받지만 부모 봉양과 자녀 양육으로 정작 자신의 노후는 준비가 부족한 세대이기도 합니다.

가장 오래 일한 주된 일자리에서 남성은 51.3세에 퇴직하고 평균 근속 기간은 19년입니다. 가구주들이 예상하는 은퇴는 68.3세인데 현실은 62.8세입니다. 퇴직 후 실제 은퇴까지 11년이 걸리고 자신의 예상보다 6년 이른 은퇴를 하네요(24. 12월, 가계금융복지조사).

통계청의 '2025년 1월 고용통계'에 따르면 60세 이상 전체 고용률은 42.3%인데 그중 남성은 51.9%로 절반 이상이 일을 하고 있습니다. 전년 대비 일자리도 60세 이상(34만 개)과 30대(9.8만 개)만 증가했고 다른 연령대는 감소하고 있습니다. 고령층이 젊은 세대보다 더 왕성한 취업 활동을 하고 있는 것이죠. 하지만 고령층 일자리의 질은 상당히 하락하여 나이가 많을수록 반복적이고 신체 직무적인 경향이 높아집니다.

고령층 취업 분포

	전체		55~64세		65~79세	
	만 명	점유율	만 명	점유율	만 명	점유율
합계	2,884	100	593	100	351	100
관리전문직	1,183	41	150	25	36	10
서비스 판매	609	21	147	25	63	18
기계기능직	529	18	152	26	57	16
단순노무직	414	14	103	17	120	34
농림어업	157	5	41	7	74	21

* 자료: 경제활동인구조사(24. 5월, 고령층부가조사)

그럼에도 고령층의 소득은 여전히 낮은 수준입니다. 60세 이상 가구주의 가구소득 중앙값은 월 319만 원(근로소득은 199만 원)으로 전체 연령대에서 가장 낮습니다(24년 가계금융복지조사). 60대 가구주의 소득은 50대의 62%에 그치고 65세 이후에는 39%로 줄어듭니다. 선진국의 65세 이후 소득대체율 70%에 비해 상당히 낮다는 것을 알 수 있습니다.

또 2024년 10월 노인실태조사에서 65세 이상 가구의 소득 구성은 근로소득 53.8%(1,865만 원), 공적 이전 소득 25.9%(897만 원), 재산소득 11.6% 순으로 절반 이상을 근로소득에 의존하는 실정입니다.

2023년 연간 가구소득 평균 및 중앙값

(단위: 만 원)

	평균						중앙값
	합계	근로소득	사업소득	재산소득	공적 이전 소득	사적 이전 소득	
전체	7,185	4,637	1,272	559	613	105	5,681
39세 이하	6,664	5,261	903	185	251	63	5,688
40~49세	9,083	6,666	1,747	382	241	46	7,681
50~59세	8,891	6,284	1,702	551	294	60	7,345
60세 이상	5,512	2,392	964	827	1,151	179	3,827

* 자료: 가계금융복지조사 2024년

앞으로 20년간 1,650만 명

　지난 10년간 은퇴한 분들의 상황을 살펴보았습니다. 그럼, 앞으로 10년은 어떨까요? 2차 베이비부머인 1965년생부터 1974년생은 2025년부터 공식적인 퇴직이 시작되어 10년간 무려 872만 명이 은퇴 시장으로 들어오게 됩니다. 우리나라 세대 중 가장 많은 인구이고 이미 퇴직한 현재의 60대보다 100만 명이나 더 많습니다.

　문제는 여기서 그치지 않는다는 것이죠. 1975년생이 퇴직하는 2035년 이후도 크게 다르지 않은데요, 2044년까지 10년간 또 777만 명이 은퇴를 기다리고 있습니다. 향후 20년간 1,650만 명이라는 어마어마한 인구가 은퇴 시장으로 진입하는 것입니다.

출생 연도별 인구수

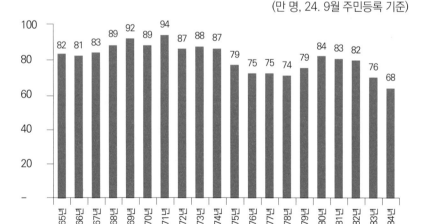

(만 명, 24. 9월 주민등록 기준)

우리나라는 2024년 65세 이상이 전체 인구의 20%를 넘어섰고 2036년에는 30%, 2050년에는 40%를 넘게 됩니다. 2050년은 25~64세 경제활동인구(46%)와 맞먹는 수준이죠. 2044년이면 일본을 제치고 전 세계에서 가장 고령화된 나라가 될 것으로 전망합니다(한국 36.7%, 일본 36.5%, 국제통계연감 노령화지수).

65세 이상 1인 가구도 계속 늘어날 것입니다. 지금은 233만 명으로 65세 이상 전체 가구의 38%인데요(이렇게나 많았나요) 2050년에는 500만 명까지 늘어날 것으로 예상합니다(통계청, 연령계층별/가구유형별 인구추계, 23. 12월). 노인 1인 가구의 증가가 문제가 되는 것은 빈곤 가구로 전락할 가능성이 크기 때문입니다. 부부가구의 비용이 혼자 사는 가구의 두 배가 되지 않듯이 1인 가구는 지출 효율화가 어렵기 때문에 지금도 1인 노인 가구의 빈곤율이 부부가구보다 높게 나타나고 있습니다.

이러한 인구 변화는 앞으로 은퇴 세대에게 어떤 영향을 미칠까요? 분명한 것은 은퇴 시장의 다양한 분야에서 지금보다 더 치열한 경쟁을 하게 될 것이라는 점입니다. 그나마 처우가 괜찮은 일자리는 은퇴 선배들이 선점하고 있을 것이고 수요가 많은 일자리도 저임금 단순노동일 가능성이 큽니다. 자격증을 따더라도 재취업으로 연결되기는 더욱 어려워지고 편의점 같은 단기 일자리도 생각보다 찾기 어려울 수 있습니다.

재취업 시장에서만 경쟁이 심해지는 것이 아니죠. 노인인구의 급격한 증가는 그 세대에게 필요한 사회서비스 수요 경쟁을 불러옵니다. 요즘은 자격만 되면 요양보호사의 지원을 곧바로 받을 수 있지만 앞으로는 간병인이나 요양보호사에 대한 수요 급증으로 신청을 해도 오랫동안 기다려야 할지 모릅니다. 장기요양보험의 비용 증가로 요양병원과 요양원의 입소 자격도 까다로워질 것입니다. 요즘도 화장로가 부족해 장례식장 대기가 생기는데 앞으로는 봉안과 화장시설이 더욱 부족할 수 있죠. 아무튼 앞으로 재취업은 물론 보건의료서비스 같은 분야에서 수요 증가와 경쟁 심화가 나타날 것이라는 점은 확실해 보입니다.

한편, 앞으로 은퇴하는 신중년층은 이전 세대와 또 달라서 힘들고 어려운 일자리는 선호하지 않는 경향이 높습니다. 이들은 컴퓨터나 모바일에도 익숙하고 젊은 세대와의 교류 경험도 많죠. 자산 규모와 연금 준비도 개선되어 액티브한 노후를 보낼 가능성이 높아졌습니다.

하지만 상대적으로 정부의 노인복지와 일자리 지원은 그 변화 속도를 따라가기 힘들 것입니다. 한국 경제가 장기 저성장 국면에 접어들었다는 경고가 나오는 만큼 앞으로 우리 경제의 잠재성장률이 개선되지 않는다면 정부의 공적 지원이 획기적으로 늘기는 어렵다고 보는 것이 합리적입니다.

시니어 계층의 의식 변화와 정부의 정책 지원 사이에 격차가 벌어질수록 양질의 노인복지 서비스는 불평등이 커질 것입니다. 이것은 노후 준비가 잘되어 있는 분들과 그렇지 못한 분들 간의 노후 양극화로 이어질 가능성이 큽니다. 앞으로 자기 스스로의 은퇴 준비가 훨씬 중요한 문제가 될 것이라는 뜻입니다.

여성의 노후가 불안하다

2023년에 60세인 분들의 평균 기대수명은 남성 83.4세, 여성 88.2세입니다(통계청 간이생명표). 여성이 남성보다 약 5년 더 장수하는데요, 가장 많이 돌아가시는 나이인 최빈 사망 연령 기준으로 보아도 여성이 남성보다 7년 더 삽니다. 남성의 기대수명을 넘긴 84~93세 구간의 2024년 남녀 인구 비율은 32:68로 여성이 두 배나 많습니다. 그렇다면 남편이 먼저 사망하고 80대 중반 이후 홀로 남은 여성의 노후는 어떨까요?

대표적인 노후 자금인 국민연금 수령액은 전 연령대에서 여성의 수급액이 남성보다 적게 나타나고 있습니다. 60대 월 평균 수령액은 남성 86만 원, 여성 41만 원이고, 70대 남성 52만 원, 여성 30만 원, 80대는 남성 30만 원, 여성 21만 원입니다.

다음 표를 보면 국민연금을 수령하는 60대 이상 여성의 70%가 월 40만 원 미만에 그치고 있습니다. 반면에 남성은 34%만 40만 원 미만이고 20%는 월 100만 원 이상을 받고 있죠. 여기서 80대 여성 수급자 44

국민연금(노령+장애+유족연금) 지급 통계

(24. 4월, 단위: 만 원)

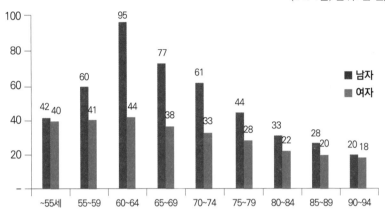

만 명 중 20만 명은 먼저 사망한 남편의 유족연금 수급자입니다. 유족연금은 남편이 받던 금액의 40~60%이기 때문에 남편 사망 후 실제 소득이 많이 줄었을 것입니다. 여성은 월 40만 원 이상부터 급격이 줄고, 100만 원 이상을 받는 여성은 4만 명에 불과합니다. 여성의 나이가 많아질수록 유족연금 수령 비율이 높아질수록 국민연금 수령액이 절반 가까이 줄고 있는 것입니다.

국민연금뿐만 아니라 다른 연금을 모두 합산한 전체 수령액도 남녀의 차이가 큽니다. 통계청 '22년 연금 통계'를 보면 65세 이상 월 평균 연금 수령액이 남성 84만 원, 여성 48만 원으로 남성의 57%에 그칩니다. 비율뿐만 아니라 절대 금액이 매우 적죠. 이러한 이유로 '보건복지부 사

국민연금(노령+장애+유족) 수급자 수

(국민연금공표, 24. 6월, 단위: 만 명)

연령별			금액별		
	남	여		남	여
60대	188	159	~40만 원	123	221
70대	126	97	40~100	162	90
80대~	40	44	100~200	72	4

회보장위원회 24. 3월 행정 데이터'는 가처분소득 기준 빈곤 노인의 비율에서 여성(60.3%)이 남성(39.7%)보다 약 1.5배 많다고 발표했습니다. 배우자 사망 후 홀로 남은 여성의 노후가 아주 불안한 상황임을 보여주는 지표들입니다.

그렇다면 50대 이상 여성의 노후 연금을 보충하는 방법은 어떤 게 있을까요? 이 책에서 계속 강조하겠지만 다음 세 가지 현실적인 대안을 제안합니다.

첫째, 여성의 국민연금 가입 기간을 최대한 늘려야 합니다. 제가 상담한 많은 여성의 경우 경력 단절로 국민연금 납부를 중단했거나 다시 가입했더라도 추후 납부는 하지 않고 있었습니다. 전체 가입 기간이 짧은 분들은 60세가 지나서도 임의계속가입으로 연금 수령 나이 직전까지 납부하면 국민연금 증액 효과가 아주 높습니다.

국민연금 고갈에 대한 염려나 부부 중 한 명이 사망하면 내 국민연금은 사라진다는 등의 걱정은 접어두셔도 좋습니다. 남편과 열 살 이상 나이 차가 난다면 모를까 평균 기대수명인 다섯 살 정도의 차이라면 두 분이 살아 계실 때 조금이라도 연금을 더 받는 것이 현명한 생각입니다. 일찍 돌아가실 걱정보다 오래 사는 리스크에 대비해야 하고 거기에는 국민연금만 한 게 없습니다.

둘째, 주택연금이 효자입니다. 국민연금은 배우자가 먼저 사망하면 둘 중 하나만 선택해야 하므로 소득 감소를 피할 수 없습니다. 하지만 주택연금은 부부가 모두 사망할 때까지 동일한 연금이 지급되므로 혼자 남게 된 배우자에게 훌륭한 노후 밑천이 될 것입니다. 주택연금 신탁 방식은 자녀의 동의가 없어도 배우자에게 연금이 자동으로 승계되니 분란의 소지도 없습니다.

여성에게 주택연금이 효자인 이유가 또 있습니다. 연로하여 실버타운, 요양원, 요양병원, 자녀의 집에서 봉양을 받으면 주택연금 받던 집은 월세로 임대를 놓아 추가 소득을 얻을 수 있다는 것입니다. 80대 중대 질병, 간병비, 요양원 등 예상치 못한 큰 비용에 주택연금이 위력을 발휘할 것입니다.

셋째, 개인연금을 통한 준비입니다. 자금 여유가 있는 분들은 아래 ③ 최저보증형 변액연금보험을 가입하는 것도 좋은 방법입니다. 50대에 노후 준비를 위한 연금이라면 크게 IRP, 공시이율형 연금보험, 최저보증 연금보험 세 가지가 있습니다.

① IRP는 소득이 있는 사람만 계좌를 만들 수 있고 자금 운용을 자기가 직접 해야 하는 부담이 있습니다. 연금 개시 이후에도 자금 운용은 자기의 몫이므로 50~60대는 몰라도 70세 이후까지 금융상품에 투자한다는 것은 무리입니다. 하지만 보험상품보다 빨리 연금을 개시할 수 있고 납입도 자유이므로 유연성 측면에서 유리합니다.

② 공시이율형 연금보험은 보험사가 알아서 굴려주는 대신에 공시이율로 이자를 부리합니다. 2025년 현재 공시이율이 2% 초중반인데요, 보험사업비를 뗀 후 원금에 이자가 부리되므로 실제 수익률은 이보다 낮을 수 있습니다.

③ 요즘 경쟁적으로 출시되는 최저보증형 변액연금입니다. 보험사업비를 떼지 않고 연 단리 6~8% 금리를 보증하기 때문에 최근 연금보험 중에서는 수익률이 가장 높은 상품입니다. 월납 150만 원 이내, 일시납 1억 원 이하로 5년납 10년 이상 유지하면 비과세이고 종신연금으로 지급하므로 수익률과 노후대책 측면에서 큰 장점이 있습니다. 하지만 중도해지는 손해가 매우 크니 사전 상담을 잘 받아보세요.

노후 파산, 당신의 은퇴 자금을 노린다

60대 이상에서 개인파산이 얼마나 발생할까요? '설마 은퇴 후 파산이 얼마나 있겠어?', '그런 일은 나하고는 상관없어.' 이런 생각들 많이 하실 겁니다. 그런데 현실은 다릅니다.

서울회생법원의 2023년도 개인파산 통계보고서(24.4.3일)를 보면 60대 이상의 파산 접수 비율이 47.5%로 전 연령대에서 가장 높게 나타나고 있습니다. 특이한 점은 지난 4년간 파산 사건 접수율이 40~50대는 각각 4%씩 감소했는데 60대 이상은 39%에서 47%로 매년 증가하고 있다는 것입니다. 50대 이상으로 넓게 보면 전체의 77%로 대부분을 차지하고 60대를 넘기면서 추가 파산이 이루어지고 있습니다. 주된 직장에서 퇴직하는 시기를 지나면서 개인파산의 위험이 증가하고 있는 것으로 보입니다.

개인파산 연령대별 통계

연령별	금액별			
	2020년도	2021년도	2022년도	2023년도
29세 이하	1.48%	1.14%	1.30%	2.11%
30~39세	6.90%	5.66%	5.04%	5.69%
40~49세	18.94%	16.70%	14.75%	15.23%
50~59세	33.57%	32.59%	30.83%	29.44%
60세 이상	39.11%	43.91%	48.08%	47.52%

* 자료: 23년 개인파산 통계(서울회생법원)

파산 원인은 '실직, 사업 실패', '생활비 증가'가 각 40% 중반으로(중복 체크) 상위 항목이고, '이혼, 교육비, 도박 사치'는 하위입니다. 우리가 알고 있던 노후 위험인 황혼이혼이나 자녀 지원 과다, 과소비 문제로 실제 파산까지 가는 비중이 높지는 않네요.

파산 원인에서 우리가 주목해야 하는 것은 점유율 10% 이상의 중위권 항목입니다. 그것은 의료비 15%, 투자 실패와 사기 11%, 보증채무 10%입니다. 이런 항목은 매우 돌발적이고 피해 금액도 크기 때문에 정신적 충격이 훨씬 셉니다.

그중에서도 (주식) 투자 실패와 사기 피해로 인한 파산은 2020년 2.4%에서 22024년 상반기 11.8%로 급격히 늘고 있습니다. 이는 지난 10여 년간 저금리와 코로나 기간을 거치면서 개인의 투자 관심이 큰 폭

연도별 파탄 원인

파탄 원인(중복 체크)	비율			
	2020년도	2021년도	2022년도	2023년도
실직 또는 근로소득 감소	48.88%	54.90%	48.92%	48.42%
사업 실패, 사업소득 감소	45.71%	52.64%	44.66%	44.66%
재해, 사고	1.76%	1.70%	2.35%	2.29%
이혼	2.15%	1.83%	2.57%	2.15%
의료비 지출 증가	17.64%	14.81%	14.81%	15.47%
교육비 지출 증가	2.81%	2.41%	2.25%	2.70%
생활비 지출 증가	48.88%	51.78%	51.10%	46.79%
투자(주식 등) 실패, 사기 피해	2.40%	2.07%	11.29%	10.95%
도박, 사치 등 낭비	0.39%	0.32%	0.41%	0.70%
보증채무 부담	11.04%	10.56%	10.42%	10.05%

* 자료: 2023년 개인파산 통계(서울회생법원)

으로 증가한 것과 무관하지 않아 보입니다. 요즘 가상화폐 사기, 투자 리딩방, 대출 사기 같은 리스크에 50~60대 퇴직자들의 피해가 커지고 있는 분야는 주로 가상화폐, 투자 리딩방, 대출 사기 등입니다.

요즘 퇴직 후 반(半)전업으로 개인 투자를 하는 분들이 꽤 많습니다. 퇴직 초기에는 열심히 재취업 시장의 문을 두드리지만 생각과 달리 문턱은 높기만 합니다. 시간이 지날수록 가족과 지인들로부터 소외되어 외로움을 느낄 무렵 주식에 관심을 가지게 되죠.

처음에는 퇴직금이나 명퇴금에서 소액으로 재미 삼아 시작합니다. 여기저기 투자 정보를 구하다 우연히 리딩방 초대를 받으면서 나도 모르게 빠져들죠. 최근 증권사를 사칭한 어떤 리딩방은 '사설 HTS 매매 시스템'까지 만들어 허위 체결로 실제 수익이 발생한 것처럼 화면을 구성합니다. 눈앞에 보이는 수익 그래프와 계좌 잔고 모두 거짓이죠. 하지만 이것을 알아챘을 때는 이미 회수가 어렵습니다.

대출 사기나 보이스 피싱은 「통신사기피해환급법」에 의해 계좌 동결과 피해액 환수가 용이한 편이지만 투자 사기 건은 계좌 지급정지나 투자금 회수가 매우 어렵습니다. 2024년 9월 경찰청은 해외에 '투자 리딩방'을 차리고 한국인들을 상대로 사기를 치던 일당을 붙잡았는데 그들이 보유한 개인정보 데이터가 무려 230만 건이나 되었다고 합니다. 2022년 가상화폐 테라·루나 사기 사건으로 한국 투자자 28만 명이 3,000억 피해를 보았고 2020년 옵티머스자산운용 사모펀드 사기 사건으로 투자자 3,000여 명이 5,000억 원대의 피해를 봤습니다.

이런 금융 사기는 고수익을 보장하거나 당신에게만 알려준다며 비밀 투자를 약속하고 송금을 요구합니다. 고령층의 조급한 수익 욕구와 낮은 금융 지식을 악용하기 때문에 항상 경계하고 확인 절차를 거쳐야 합니다. 저는 50대 이상 고객과 상담할 때 항상 '이제는 고수익을 추구하기보다는 가지고 있는 자산을 안전하게 지키는 것이 더 중요한 나이다' 라고 강조합니다.

평탄하게 살아온 인생이라도 인생 후반기에 삐끗하는 날에는 낭떠러지로 떨어지는 수가 있습니다. 노후의 과욕은 평생 회복하기 어려운 고통을 가져온다는 사실을 명심해야 합니다.

퇴직할 때 대출이 없어야 한다

"형님, 요즘 어떻게 지내십니까?"

"백수가 과로사한다고 생각보다 이것저것 일이 많아 바빠."

"퇴직하시고 벌써 6년이나 되었네요. 지나 보니 어떠세요?"

"나이가 좀 드니까 마음 편한 게 제일이더라. 자식이나 경제적인 문제도 욕심을 좀 내려놓고 마음을 편히 하려고 노력하고 있어."

"그렇군요. 혹시 퇴직이 얼마 남지 않은 후배들에게 조언을 해주신다면 어떤 게 있을까요?"

"요즘 내 친구들 만나보면 퇴직할 때 대출이 없어야겠더라. 대출이 있는 친구들은 생활이 아주 어려워 보여. 마음고생도 많고."

"아, 대출 상환이 중요하군요?"

"그렇지. 퇴직하면 소득이 줄기 때문에 적은 이자라도 부담이 훨씬 크지. 생활비에 바로 영향을 주니까. 퇴직을 앞두고 있으면 최우선으로 대출을 해결하고 나오는 게 좋아."

6년 전 공무원으로 정년퇴직한 1958년생 지인과의 대화입니다. 퇴직 후 경제활동은 하지 않고 고향에서 텃밭 농사와 목공예로 건강한 노후 생활을 하고 계시죠. 그분은 퇴직을 앞둔 후배들에게 딱 한 가지만 말한다면 꼭 대출을 갚고 나오라는 것이었습니다.

2024년 가계금융복지조사에 따르면 60세 이상 전체 가구주의 평균 부채는 6,328만 원입니다. 이 중 금융 부채를 보유한(60세 이상 가구주의 34.5%) 분들만 놓고 보면 평균 부채는 1억 1,200만 원입니다. 생각보다 큰 금액이죠? 정년퇴직 나이인데도 적지 않은 부채를 안고 있네요.

60대 이상 가구의 재무 건전성 지표인 부채÷자산은 10.9%입니다. 특히 금융 부채÷저축액은 41.9%로 다른 연령대에 비해서 가장 느리게 줄었습니다. 소득은 줄어드는데 부채 부담은 여전하다는 뜻입니다.

부채 유형별 보유액 및 구성비

(단위: 만 원, %)

	부채		금융 부채			임대 보증금
		증감률		담보 대출	신용 대출	
전체	9,128	-0.6	6,637	5,273	946	2,491
39세 이하	9,425	-5.2	8,306	6,429	1,386	1,119
40~49세	13,148	4.9	9,819	7,824	1,488	3,330
50~59세	10,317	-3.7	7,341	5,765	1,034	2,976
60세 이상	6,328	2.0	3,882	3,191	421	2,446

* 자료: 가계금융복지조사(2024)

　안정적인 노후 생활의 기본은 최대한 부채를 없애는 것입니다. 은퇴 후 소득이 줄어든 만큼 지출 통제가 어렵기 때문에 이자 부담은 노후 생활의 질을 크게 떨어뜨립니다. 금융사의 대출 관리 강화 조치와 원금 상환에 대한 심리적 부담은 말할 것도 없죠. 빚이 없는 것이 좋은 건 알지만 당장 상환하기 어렵다면 어떻게 해야 할까요? 퇴직 전 부채를 관리하는 방법에 대한 몇 가지 팁을 말씀드리겠습니다.

　먼저, 퇴직을 5년 정도 앞둔 시점부터는 부채 관리에 집중하셔야 합니다. 부채의 종류나 금액, 이자율, 상환 조건을 꼼꼼히 작성하고 상환의 우선순위를 정합니다. 신용카드처럼 이자율이 높거나 신용 점수에 영향이 큰 부채부터 처리해야 합니다.
　다음은 부채의 구조 조정입니다. 여러 대출이 있다면 부채 통합을 통해 낮은 금리로 전환할 수 있는지 상담해 보세요. 또 금융사에 상환 조건(기간, 이자율) 조정을 요청할 수도 있습니다.

세 번째는 상환 전략을 수립하는데 여기에는 예산 계획과 소비 관리가 중요합니다. 사실 별도의 자금이 있지 않는 한 부채를 한꺼번에 상환하기는 어렵죠. 따라서 퇴직 전까지 소득으로 얼마의 예산을 만들 수 있는지, 노후 준비 자금과 부채 상환 자금 비율은 어떻게 할 것인지 깊이 고민해 보세요.

다음은 소비 관리인데요, 퇴직 5년 전이면 보통 소득과 소비 지수가 모두 높은 시기입니다. 하지만 퇴직 후 소득 감소를 대비해 불필요한 지출을 줄이고 절약할 수 있는 항목을 파악해 보세요. 자동이체나 구독 서비스로 나가는 항목들을 잘 살펴볼 필요가 있습니다. 특히, 가입한 보험 점검을 추천하는데요, 오랫동안 유지한 보험을 해약할 필요는 없지만 아래와 같은 비용 다이어트를 활용해 보시기 바랍니다.

a. 우량체 변경: 간단한 검진으로 건강체, 비흡연 판정 후 보험료 환급

b. 감액 완납: 보장은 유지하되 계약 금액을 줄여 일시납으로 완납

c. 특약 해지: 계약은 유지하되 낮은 보장, 불필요 특약 해지

d. 보험기간 변경: 보장이 낮은 특약은 보장 나이를 줄여 보험료 절감

마지막으로 퇴직 시점에도 부채가 남아 있다면 소형주택으로 이사하거나 퇴직금 일부를 부채 상환에 사용하는 것도 고려해야 합니다. 부채

관리는 퇴직 후 재정적, 심리적 안정을 위한 필수 조치입니다. 최소 퇴직 5년 전부터 중기 전략을 세우고 부채를 상환해 가면서 지나치게 생활수준을 희생하지 않는 균형적인 접근으로 현명하게 대응해야 합니다. 그리하여 퇴직 시점에는 가볍게 짐을 벗어버리고 은퇴를 맞이하시길 바랍니다.

2부

평범한 사람도
따라 할 수 있는
노후 연금 비법 1

'장수 시대라는 것도 알겠고 연금이 중요하다는 것도 알겠는데 나이 50대 중
반에 먹고살기도 팍팍한데 이제 와서 뭘 하겠어'라고 생각하는 분들이 많습
니다. 하지만 이런 분들일수록 가장 먼저 공적연금에 주목해야 합니다. 국민
연금, 주택연금, 기초연금의 장점을 최대한 활용하여 노후를 보강하는 방법
을 알려드립니다. 작지만 강한 연금, 바로 공적연금에서 시작하세요. 노후 준
비의 최후 방어선이자 가장 중요한 대비책입니다.

4장

국민연금:
똑똑하게 붓고 더 받자

요즘 연금개혁 이슈와 함께 국민연금에 대한 부정적인 의견이 많습니다. 그러나 국민연금이 왜 5060 중장년의 노후를 지키는 최후의 보루인지 설명합니다. 아울러 연금액을 늘리는 구체적인 방법을 하나하나 체크하면서 나와 배우자의 연금을 준비합니다.

나는 과연 백 살까지 살까?

요즘은 백세시대, 백세시대 합니다만 진짜 백 살까지 살 수 있을까요? 주변에 물어보면 "아이고 무슨 백 살이냐. 나는 그저 건강하게 80까지만 살다 가고 싶다" 반면에 "백 살까지는 충분히 살지. 우리 어렸을 때와 비교하면 지금은 훨씬 오래 살지 않느냐", "의학 발전이나 신약들 나오는 거 보면 가능할 것도 같다"라는 다양한 반응이 나옵니다.

통계청 2023년도 생명표(24. 12월)를 보면 현재 60세인 분들의 기대여명은 남자 83.4세, 여자 88.2세입니다. 여성이 5년 정도 더 장수하네요. 그럼, 30년 전인 1993년에 60세셨던 분들의 기대수명은 얼마일까요? 통계청 자료를 뒤져보니 남자는 76.3세, 여자는 81.4세였습니다. 30년 만에 기대수명이 남녀 각 7년 정도 늘어났네요.

최빈 사망 연령이라는 통계도 있습니다. 그해에 가장 많이 돌아가신 나이가 얼마냐는 것이죠. 기대여명이 여러 통계적 가정을 포함하고 있다면 최빈 사망은 아무래도 현실을 조금 더 반영한다고 봐야겠죠. 통계청 2023년 사망자수(24. 10월 발표)를 보면 남자는 81세에 가장 많이 사망했고 83세가 근소하게 두 번째입니다. 여자는 88세가 가장 많고 그 다음은 87세입니다. 30년 전인 1993년과 비교하면 남자는 무려 11년 이나 늘었고 여자도 7년 늘었네요. 여전히 여성이 남성보다 오래 살지만 그 차이는 줄고 있고 기대여명과 비교해도 비슷한 결과입니다.

60세의 기대여명과 최빈 사망 연령

연령별	기대여명		최빈 사망 연령	
	1993년도	2023년도	1993년도	2023년도
남자	76.3세	83.4세	70세	81세
여자	81.4세	88.2세	81세	88세

* 자료: 통계청(생명표, 사망자 수)

그러면 지금 5060세대는 앞으로 얼마나 살까요? 지난 30년간 수명이 7년 늘었고 남녀 차이도 줄었으니 아무래도 100살은 무리일 것 같고 남성은 90세, 여성은 95세 정도가 되지 않을까요? 물론 암 정복, 게놈 프로젝트(인간의 유전체를 해독하여 유전자 지도를 작성하고 유전자 배열을 분석하는 연구 프로젝트)와 같은 의학의 발전으로 100세, 120세도 가능하다는 얘기가 있지만 보통 사람의 시각으로 보기엔 그렇다는 것이죠. 그래서 이 책의 후반부에 있는 연금 시뮬레이션도 남성은 90세, 여성은 95세까지의 현금 흐름을 보여주었습니다.

아무튼 생각보다 훨씬 더 장수할 가능성이 높은 것만은 사실입니다. 20대 후반에 사회생활을 시작했다면 30년간 번 돈으로 나머지 30년 여생을 보내야 하는 것이죠. 지금도 자녀들 학비에 생활비 쓰기도 부족한데 언제 나머지 30년을 준비할 여유가 있냐고 묻는 분들도 계십니다. 하지만 어쩌겠습니까. 의학은 발전하고 여생은 길어지고 인명은 재천인 것을요. 물론 개인의 건강 상태에 따라 다르겠지만 다가올 장수 시대에는 일찍 사망하는 걱정보다 오래 사는 위험을 준비하는 것이 훨씬 합리적입니다. 준비된 장수는 축복이지만 준비가 안 된 장수는 긴 고통의 시간이 될 것이기 때문입니다. 상황이 이러하니 30년의 여생을 지탱해줄 연금 이야기를 하지 않을 수가 없습니다.

문득 이런 노래가 생각이 나네요. "팔십 세에 저세상에서 날 데리러 오거든 아직은 쓸 만해서 못 간다고 전해라. 구십 세에 저세상에서 날

데리러 오거든 알아서 갈 테니 재촉 말라 전해라."

노후 준비, 국민연금이 최우선이다

저는 기업 강의와 상담에서 늘 국민연금의 중요성을 강조하는데 항상 따라오는 질문들이 있습니다. "2056년에 기금이 고갈된다는데 젊은 세대는 못 받는 거 아니냐", "언제 죽을지 모르니 일찍 받고 보자", "기초 연금, 건강보험 때문에 국민연금은 늘릴 필요가 없다" 등 대체로 부정적 의견이 많은 것 같습니다.

1988년에 시작한 우리나라 국민연금은 2024년 말 1,213조 원에 이르는 글로벌 대형 연기금으로 성장하였습니다. 기금운용 수익률도 연평균 6.8%(1988~2024년)로 매우 양호한 성과를 내고 있습니다. 또 2025년 국회를 통과한 연금 개혁안에는 국가가 책임지고 지급한다는 규정을 명문화할 예정이고 법 개정이 되어도 과거 가입 기간의 지급률은 보장됩니다.

국민연금제도가 오래된 독일, 스웨덴 같은 유럽 국가들도 수급자 증가와 노령화 문제가 있었지만 사회적 합의를 거쳐 여전히 안정적으로 운영되고 있습니다. 우리도 인구 변화로 기금을 운용하는 데 도전은 있겠지만 보험료와 수급률 조정, 재정 투입 등 지혜를 모아간다면 지속 가능한 길을 찾아가리라 생각합니다.

국민연금은 국가에서 시행하는 공적 연금제도로서 소득 있는 국민은 의무가입 대상으로 내가 선택할 수 있는 것이 아닙니다. 따라서 국가의 지급 보장을 믿고 어떻게 하면 국민연금을 더 받을 수 있을까에 집중하는 편이 현명한 자세입니다.

　'장수 시대라는 것도 알겠고 연금이 중요하다는 것도 알겠는데 나이 50대 중반에 먹고살기도 팍팍한데 이제 와서 뭘 하겠어'라고 생각하는 분들이 많습니다. 하지만 이런 분들일수록 가장 먼저 국민연금에 주목해야 합니다. 국민연금은 내가 낸 돈 대비 받는 연금액, 즉 수익비가 시중의 어떤 연금 상품보다 높습니다. 물가가 인상되면 그만큼 연금액도 늘어나기 때문에 장수 시대에 화폐가치 하락을 방어하는 유일한 연금입니다. 직장을 다니거나 소득이 있는 분들은 의무가입이니 내가 싫다고 안 낼 수도 없습니다. 오랫동안 국민연금을 내지 못했다고요? 걱정 마세요. 다른 연금과 달리 국민연금은 늦게라도 메꾸는 방법이 있습니다. 단언컨대 국민연금은 노후 준비의 최후 방어선이자 가장 중요한 대비책입니다.

　국민연금은 최소 10년 이상 납부해야 연금으로 받을 수 있고 납입 만기인 60세까지 10년을 채우지 못하면 일시금으로 돌려드립니다. 직장인(사업장가입자), 자영업자(지역가입자)처럼 소득이 있는 18세 이상은 의무가입 대상입니다. 소득이 없는 전업주부나 학생은 자기가 희망하는 경우 임의 가입할 수 있고 월 9만~55만 원 사이에서 선택하여 납부할 수 있습니다.

국민연금 수급 연령은 61~64년생은 63세, 65~68년생은 64세, 69년생 이후는 65세이고 자기의 생일 다음 달부터 지급됩니다. 의무가입이 끝난 80세 이후에도 가입 기간을 늘리기 위해 계속 납부하는 것을 임의계속가입이라고 합니다. 직장가입자는 60세가 넘으면 회사와 반반 부담은 없어지고 자신이 전액 내야 합니다.

자! 그렇다면 국민연금을 많이 받는 방법은 무엇일까요? 비밀은 '국민연금 지급액 계산식'에 있습니다. 다음 페이지 계산식을 보면 기본 연금액과 지급률을 올리면 된다는 것을 알 수 있습니다.

① 먼저, 기본 연금액은 평균 소득을 올리면 되는데 전체 가입자의 평균 소득은 내가 컨트롤이 안 되니 자신의 평균 소득을 올리는 방법이 하나 있겠네요.
② 다음, 가입 기간을 늘려야 하는데 납부 20년까지는 1년당 지급률이 5%씩 올라간다는 사실을 알 수 있습니다.

여기서 평균 소득은 지나간 소득을 되돌릴 수도 없고 또 전체 가입자의 소득과 물 타기가 되니 연금액 증가 효과가 작습니다. 반면에 지급률은 가입 기간을 늘릴 수만 있다면 기본 연금액 전체에 대해 매년 5%씩 지급률이 올라가니 연금액 증가 효과가 매우 크다는 것을 알 수 있습니다.

국민연금 지급액은 어떻게 계산되나요?

··

국민연금 지급액 = 기본 연금액 × 지급률 + 부양가족 연금액

① 기본 연금액 = [(전체 가입자 평균 소득 + 본인 평균 소득)
× 비례상수] × 가입 기간 20년 초과 월수
- 전체 가입자 평균 소득 월액: 3,089,062원(2025년)
- 본인 평균 소득: 국민연금 전체 가입 기간의 평균 소득으로 과거 소득은
  해당 연도 물가상승률을 현재 기준으로 환산
☞ 저소득층에게 유리한 제도로 본인 소득이 전체보다 낮으면 전체 평균
  으로 보정되는 효과
- 20년 초과 월수: 가입 기간 20년 넘으면 1년당 5% 가산
- 소득대체율: 2025년 국회 합의안은 2026년부터 43%로 변경 예정

가입 연도	'88~ '98	'99. 7	'08	'22	'25	'26~
비례상수	2.4	1.8	1.5	1.29	1.245	1.29
소득대체율	70%	60%	50%	43%	41.50%	43%

* 2025년 현행 소득대체율: 2009년부터 매년 0.5%씩 낮춰서 2028년에 40%

② 지급률: 가입 기간 20년까지 지급률이 올라갑니다
가입 기간 10~20년: 10년이 50% + 매년 5%씩 증가, 20년 이상: 100%
③ 부양가족 연금액(25년): 배우자 월 2.5만 원, 자녀/부모 월 1.6만 원
- 수급권자에게 생계를 유지하는 경우에 한함
- 본인이 신청해야 합니다

따라서 국민연금은 보험료를 많이 내는 것보다 가입 기간을 늘리는 것이 훨씬 효과적입니다.

결혼 20주년 선물

몇 해 전 결혼 20주년이었는데 '아내에게 어떤 선물을 해야 하나' 고민이 컸습니다. 남편분들 다들 그렇잖아요? 아내는 명품 선물보다는 여행에 가치를 두는 편이라 처음에는 해외여행을 생각했는데 그래도 '뭔가 실질적인 도움이 되는 것은 없을까' 하고 찾아보았습니다. 생각해 보니 평소에 고객들에게는 국민연금의 중요성을 강조했는데 정작 제 아내의 국민연금은 어떤 상황인지 모르고 있더군요.

"여보, 당신 국민연금은 어떻게 되어 있어?"

"직장 안 다니는데 국민연금 안 내지. 아들 초등학교 때 직장 그만두면서부터는 낸 적이 없는데?"

"그럼, 그 전에 직장 다닐 때 냈던 국민연금은 남아 있겠네?"

"아 그거. 예전에 내가 찾아 썼던 것 같은데?"

"그래? 그럼, 당신은 국민연금이 하나도 없는 거야?"

"아마 그럴걸, 근데 그건 왜 물어?"

찬찬히 생각해 보니 우리 부부는 국민연금이고 개인연금이고 모두 제 이름으로만 가입되어 있더군요.

'내가 먼저 죽을 텐데. 그럼, 아내는 어떻게 되는 거지?'

이런 생각에 다다르자 저는 20주년 선물로 우선 국민연금을 가입시켜 주어야겠다고 마음먹었습니다. 국민연금공단에 알아보니 아내의 말처럼 국민연금이 아무것도 남아 있지 않더군요. 직장 다닐 때 10여 년간 냈던 보험료는 이미 찾아 써버렸고(지금은 중도 인출이 안 되지만 1999년 이전까지는 인출할 수 있었어요) 그 이후로는 미가입 상태였죠.

공단 직원분께 상담하니 이렇게 말하는군요.

"우선 사모님은 임의가입으로 국민연금을 살리시고요, 그다음에는 예전에 찾아가신 일시금을 반납하면 됩니다."

"그렇군요. 반납은 얼마인가요?"

"음… 그때 찾아가신 게 500만 원 정도네요. 이자 붙여서 반납하시면 다시 살릴 수 있습니다."

소득 없는 가정주부는 임의가입자로 월 9만 원씩 내면 되지만 500만 원 반납은 조금 부담이 되더군요.

그래도 20주년 선물인데 내 용돈 좀 아끼는 셈치고 이번 기회에 국민연금을 살려야겠다고 마음을 굳히고 반환일시금을 납부했습니다.

"여보, 이제 당신도 당신 이름으로 연금을 받게 되었어. 결혼 20주년 선물이야." 나름 큰돈을 쓴 저는 목에 힘주고 큰소리 한번 쳤습니다.

"그래? 그럼, 국민연금 얼마 준대?"

"어, 65세부터 35만 원 정도 나온다는데?"

"뭐? 아니 당신! 나를 뭘로 보고 하는 소리야, 35만 원으로 뭘 할 수 있다고. 그 500만 원 그냥 나한테 주지 여행이나 가게."

헐, 이게 뭔가요 완전 실패네요. 돈 쓰고 원망 듣고, 고민한 노력을 인정받지 못하니 약간 화도 났습니다. 며칠 후 다시 공단에 문의했습니다.

"혹시, 국민연금을 더 많이 받는 방법은 없을까요?"

"음 그러면, 예전에 찾아간 건 살렸으니까 지금까지 안 낸 보험료를 이제라도 추후 납부할 수 있습니다."

"그래요? 나중에라도 메꿀 수 있는 거네요? 그럼, 어떻게 되는데요?"

"네, 만약 메꾸신다면 아내분은 최초 가입일부터 지금까지 전체 기간 국민연금 가입자가 되는 거고요, 국민연금도 월 80만 원 이상 나오겠네요."

"그럼, 메꾸는 건 얼마를 더 내야 합니까?"

"이번에 임의가입 하신 보험료 9만 원으로 안 낸 개월 수만큼 내시면 됩니다. 천만 원쯤 되겠네요."

저는 어떻게 했을까요? 천만 원, 너무 큰데?

자! 저와 함께 국민연금 늘리는 여행을 떠나보실까요.

1. 꺼진 불도 다시 보자, 반환일시금 반납

1988년에 시작한 국민연금은 1999년까지는 직장을 그만두면 인출할 수 있었는데요, 1997년 외환위기 시절에 많은 분들이 찾아갔습니다. 반납제도란 이렇게 예전에 반환일시금을 찾아 쓴 경우 이자를 더해 반납하면 원래의 가입 기간을 살려주는 제도입니다. 앞서 말씀드린 제 아내의 사례에서 보셨죠?

그런데 반환일시금 반납은 정말 효과 만점인 제도입니다. 왜냐하면 국민연금 지급액 계산식 생각나시죠? 바로 소득대체율 때문에 그렇습니다. 1988~1998년 기간의 국민연금 소득대체율은 70%인데요, 이때 비례상수가 2.4배입니다. 2025년 지금이 1.24배이니 그 기간의 반환일시금을 반납한다면 연금 수령액을 지금보다 두 배 가까이 늘리는 효과가 있는 것이죠. 국민연금공단에 전화해서 반환일시금이 있는지 물어봐도 되고 국민연금 애플리케이션에서도 확인할 수가 있습니다. 반납한 금액 대비 훨씬 많은 연금을 수령하게 될 것입니다.

아참, 반환일시금이 목돈이라 걱정이라구요? 반납은 전액을 한꺼번에 납부할 수도 있고 기간에 따라 2~24회로 나눠서 낼 수도 있습니다. 또 현재 국민연금에 미가입 중이라면 우선 가입한 후에 반납이 가능하다는 점도 기억하세요.

또 하나의 반환일시금이 있습니다. 바로 가입 기간 10년을 채우지 못해 60세 이후에 연금이 아닌 일시금으로 받는 반환금입니다. 자신의 출

국민연금 예상 연금 월 수령액

(2025년, 만 원 이하 절사)

보험료	가입 기간				
(월)	10년	15년	20년	25년	30년
9만 원	20	30	41	51	61
15만 원	23	35	47	59	71
20만 원	26	40	53	66	79
30만 원	32	48	64	80	96
40만 원	37	56	75	94	113
55만 원	46	69	92	116	139

* 자료: 국민연금공단

- 보험료 9만 원의 수령액 비율(수익률)이 가장 높죠?
- 가입 기간을 5년 늘리면 연금액 월 10만 원씩 늘어나므로
- 원금을 회수하는 기간인 상계 연수는 (9만×5=45)÷10=4.5년이고
- 그 이후부터 받는 연금은 계속 이익입니다.
- 보험료 20만 원 상계 연수: 약 7.7년
- 보험료 30만 원 상계 연수: 약 10년
- 보험료 55만 원 상계 연수: 약 12년

※ 상기 월 수령액은 2025년 기준 소득 월액이 반영된 예시입니다.
  현재 40~50대가 반납, 추납, 임의가입 등으로 가입 기간을 연장하면 소득대체율(반납), 가입 기간 합산 지급률(추납, 임의) 효과로 좀 더 많이 받습니다.

생 연도에 따른 국민연금 수령 나이에 지급이 되는데 본인이 청구하면 먼저 받을 수도 있습니다. 하지만 이 반환일시금은 한번 받으면 반납도 안 되고 국민연금 재가입도 안 됩니다. 따라서 가입 기간이 10년 미만으로 60세에 국민연금 가입 자격을 상실해도, 반환일시금을 받지 않았다면 65세 전까지 임의계속가입을 신청해서 최소 가입 기간 10년을 채우고 연금으로 받을 수 있습니다.

2. 국민연금 최고의 재테크, 추후 납부

국민연금으로 재테크를 한다구요? 좀 도발적인 표현이기는 하네요. 앞서 말씀드렸지만 국민연금을 많이 받는 방법 중에 가입 기간을 늘리는 것이 가장 효과적이라는 거 기억하시죠? 추후 납부는 과거 납부하지 못한 기간을 추후에 납부하여 가입 기간을 늘리는 제도입니다. 과거에 사정이 있어서 보험료를 못 냈는데 이제라도 메꾸면 정해진 수익률을 보장해 준다니 웬 횡재입니까? 저는 시중에서 이런 금융상품을 본 적이 없습니다.

과거엔 추후 납부로 메꿀 수 있는 기간의 한도가 없었는데요, 꾸준히 납부해 온 분들과의 역차별 문제가 제기되자 2021년부터는 최대 10년(119개월)까지만 메꿀 수 있도록 변경됐습니다. 그런데 이 추후 납부는 과거에 한 번이라도 낸 적이 있어야 메꿀 수 있으니 과거 납부 이력을 확인해 봐야겠죠.

기업에서 개별 상담을 해보면 특히 임원이나 부장급 이상에서 추후 납부에 관심이 높습니다. 이분들의 배우자는 예전에 직장을 다녔다가 자녀 양육 등의 문제로 퇴직 후 오랫동안 가정주부로 계신 경우가 많습니다. 이런 배우자에게 국민연금 추후 납부는 아주 탁월한 효과를 보이죠. "오늘 회식하지 마시고 일찍 퇴근해서 사모님과 국민연금 추후 납부를 상의하세요. 국민연금 애플을 깔면 바로 확인이 가능합니다. 사모님께서 아주 좋아하실 겁니다." 나중에 많은 분들에게서 고맙다는 인사를 받았습니다.

아이들 키우느라 직장을 그만두신 분, 전직으로 중간중간 납부를 못하신 분, 육아휴직으로 국민연금 미납 기간이 있는 분, 예전에 아르바이트하면서 나도 모르게 국민연금에 가입되었을 수도 있는 분들에게 효과 만점입니다. 어디서 확인하느냐고요? 국민연금공단 애플이나 지사에 문의하면 추후 납부 가능 기간을 조회할 수도 있고 메꾸면 연금액이 얼마나 늘어나는지도 자세히 안내해 줍니다.

추후 납부는 신청 당시 내고 있던 월 보험료에 미납 월수를 곱해서 냅니다. 직장가입자라면 현재 자기 소득의 9%를 회사와 반반씩 내고 있을 텐데요, 추후 납부할 때는 9% 전액을 자신이 부담해야 합니다. 따라서 직장인들은 재직 중에 추납하면 보험료는 부담이지만 연금액은 많이 증가합니다. 만약 퇴직 후 월 9만 원으로 추납하면 연금액 증가는 적겠지만 보험료 대비 받는 비율은 훨씬 높습니다. 자영업자 등 지역가입자는 현재 보험료로 추납하면 됩니다.

☞ 추후 납부 가입 자격과 특징

- 과거에 한 번이라도 납부한 적이 있어야 합니다.
- 현재 국민연금에 가입 중이어야 합니다.
- 현재 내고 있는 보험료로 최대 119개월을 메꿀 수 있어요.
- 금액이 부담되는 경우 최대 60회(5년)까지 나누어 낼 수 있어요.
- 과거에 반환일시금을 받았던 사람은 반납하면 신청 가능해요.
- 추납 신청 기한은 국민연금 수령 전까지이고, 추납 납부하는 기한은 국민연금 최소 가입 기간인 10년을 채우기 위해 65세 이후까지도 납부할 수 있습니다.

  ※ 1999. 4월 이후 미납 기간만 추납 가능(전 국민으로 확대한 시점)

  예) 1990년~1995년 납부 → 중단 → 2005. 1월부터 재가입한 경우

   ; 1999. 4월~2004. 12월까지 추납 가능

가정주부처럼 소득이 없는 임의가입자는 추후 납부 보험료를 월 9만 원에서 55만 원까지 선택할 수 있습니다. 보통은 9만 원으로 추후 납부하는 분이 많은데요, 낸 돈 대비 받는 연금액의 비율인 수익비가 높기 때문입니다. 국민연금은 소득이 낮아 보험료를 적게 내는 사람에게 연금을 더 많이 지급하는 사회부조 성격이 있으니까요. 물론 여유가 있는 분들은 보험료를 더 내고 더 많은 연금액을 받는 것도 좋은 선택이 될 것입니다. 더 내면 덜 내는 사람보다 수익비는 낮지만, 연금 액수는 더

크고 민간 보험과 비교해 봐도 국민연금의 효율이 높은 만큼 많이 내고 많이 받는 것도 고려해 볼 만합니다.

그럼, 보험료 얼마로 추후 납부하는 것이 가장 효율적일까요? 이때는 추납 보험료와 상계 월수를 기준으로 판단하면 됩니다. 상계 월수란 내가 낸 보험료 원금을 회수하는 기간입니다.

상계 월수 = 추후 납부 보험료 ÷ 월 연금 증액분

만약 상계 월수가 10년 이하면 효과 만점입니다. 10년 이내에 내가 낸 돈을 다 돌려받고 그 이후 나오는 국민연금은 덤으로 더 받기 때문이죠. 15년 이하는 어떨까요? 64세 국민연금 개시인 1965~1968년생은 79세에 원금을 다 받네요. 기대수명을 90세로 보면 남은 11년은 덤으로 받는 것이니 나쁘지 않은 선택입니다. 하지만 상계 월수가 15년을 초과한다면 자신의 건강 상태를 고려해서 선택해야겠네요.

추후 납부와 관련된 몇 가지 꿀팁을 추가로 소개해 드릴게요.
① 남자분들 중에 1988년 이후 군대 가셨던 분들은 군복무 기간만큼 추후 납부할 수 있습니다. 입대 전 국민연금 가입 여부와 상관이 없고 총추납 가능 기간인 119개월에는 포함됩니다. 다음 표에서 퇴직 후 9만 원으로 추납하면 상계 연수가 5.9년으로 아주 짧습니다. 군복무 기간

꼭 추납해야겠죠?

② 추납보험료는 소득공제 대상이라는 점입니다. 직장인이나 자영업자는 소득이 많은 해 또는 연중에 퇴직하는 경우 해당 연도에 추납하면 연말정산 때 전액 소득공제를 받을 수 있습니다. 금액이 크니 효과도 톡톡하겠죠?

③ 주부나 학생처럼 소득이 없는 임의가입자가 추납하면 소득공제를 받지 않았기 때문에 수령할 때 비과세 대상입니다. 종합소득세 대상이라면 수령 시점에 국민연금공단에 확인하면 절세됩니다.

④ 추후 납부가 좋은지는 알겠는데 언제 하는 것이 유리한가요? 추납은 과거를 메꾸는 것이지만 납부하는 연도의 소득대체율을 적용합니다. 앞서 반환일시금 반납은 과거 기간의 소득대체율을 적용하는 것과 다르죠? 2025년 국회 합의안은 2026년부터 소득대체율은 43%로, 보험료는 2033년까지 매년 0.5%씩 인상한다는 것입니다. 저는 2026년도에 추납할 것을 추천하는데요, 보험료 인상분보다 소득대체율과 (A, B)값 상승, 물가 인상을 반영한 연금 증가 효과가 더 크기 때문입니다.

하지만 너무 늦지는 마세요. 부자들의 재테크라는 부정적인 인식이 있고, 재정건전성 이슈가 지속되니 추납 기한을 축소할 수도 있으니까요.

아! 이쯤 되면 독자 여러분 중에 국민연금이 늘어나면 기초연금 탈락, 건강보험료 폭탄이라고 망설이는 분들도 계시죠? 그 내용은 기초연금과 건강보험 편에서 자세히 설명드리겠지만 대체로 추후 납부가 훨씬 유리합니다. 우선 가입 기간을 늘려 국민연금을 많이 받는 것에 집중하세요.

3. 연금 고무줄, 임의계속가입

몇 해 전 빌딩관리업체인 S개발 회사에 상담을 나간 적이 있습니다.

"저… 혹시 뭐 하나 여쭤봐도 될까요?"

"네, 말씀하시죠."

1965년생인 최 여사님은 입사 5년 차로 국민연금 걱정을 하시더군요.

"제가 내년에 60인데 국민연금을 낸 지 5년밖에 안 돼요. 혹시 국민연금을 받는 방법이 없을까요?"

"예전에 다른 직장이나 알바라도 다니면서 국민연금을 낸 적이 없으세요?"

"좀 창피한데 제가 직업이 변변치 않아 국민연금을 내지는 못했어요" 라며 뭔가 구원을 바라는 눈빛이었습니다.

"퇴직 후에도 임의계속가입을 신청해서 10년을 채우면 연금으로 받을 수 있습니다. 1965년생이면 64세가 국민연금 수령이긴 하지만 10년을 채울 때까지 계속 납부할 수 있거든요. 만약에 60세에 10년이 안 되었다고 반환일시금 찾아가라고 하면 찾지 않고 임의계속가입을 하겠다고 하세요."

A씨 실제 사례(71년생, 65세 예상 연금 190만 원)

(단위: 만 원, 월, 년)

		보험료(월)	개월 수	납입액	연금 증가 (월)	상계 연수
군대 추납	재직 중①	55.5	26	1,444	9.7	12.4
	퇴직 후②	9	26	234	3.3	5.9
임의계속가입	퇴직 후③	9	60	540	7.1	6.3

- ②③은 6년 정도 받으면 원금을 모두 회수하고 이후는 이득
- 90세까지 수령 총액(물가 인상률 1.5%)
① 3,668만 원, 납입액 대비 2.5배
② 1,248만 원, 5.3배
③ 2,685만 원, 5.0배를 더 받습니다.
☞ 어떠세요? 비용이 좀 부담스러워도 훨씬 이익이죠?

군복무 기간 추후 납부 신청자 수

- 1919년까지 20년간 340명에 그쳤으나 2020년부터 큰 폭으로 증가

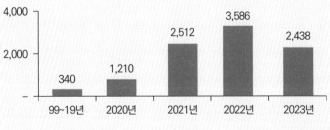

* 자료: 국민연금공단

최 여사님은 그제야 안도의 표정으로 인사를 하셨습니다.

이분처럼 국민연금 가입 기간이 10년 미만인 경우 60세 이후에도 계속 납부하여 10년을 채우고 연금 수령 자격을 확보하기 위한 제도가 임의계속가입입니다. 신청 기간은 60세 전 3개월부터 정상 수령 나이의 생일 전까지고 납부는 10년을 채우기 위해 65세 넘어도 연금 수급 전까지 가능합니다.

그럼, 이미 10년 이상 채우고 60세를 맞이한 분들은 임의계속가입이 유리할까요? 국민연금 지급액 계산식에서 보았듯이 가입 기간 10~20년까지는 1년마다 지급률이 5%씩 올라갑니다. 또 가입 기간이 20년이 넘더라도 추가 1년당 기본 연금액에 매년 5%씩 가산되므로 60세가 지나서도 임의계속가입을 하는 것이 유리합니다.

저도 공단에 문의했더니 60세부터 5년간 월 보험료 9만 원을 더 낸다면 연금액은 한 달에 7.2만 원 늘어난다고 하네요. 연금 수령 후 6년이 지나면 원금을 회수하고 그 후로 나오는 연금은 모두 이익입니다. 상계 연수가 6년이라니 저는 60세 이후에도 꼭 계속 낼 생각입니다.

가입 기간이 10년이 넘으신 분들도 60세가 되면 공단에 문의하셔서 임의계속가입을 하면 연금액이 얼마나 늘어나는지 확인해 보세요. 상계 연수가 15년 미만(15년 이내에 원금 회수) 정도라면 충분히 가치가 있습니다. 그런데 임의계속가입 신청이 안 되는 분들도 있습니다. 국민연금을 납부한 적이 없는 사람, 국민연금을 이미 받고 있는 사람, 10년을 채우지 못해 60세 이후 반환일시금을 이미 받으신 분들은 가입이 안됩니다. 이미 말씀드렸죠? 10년 못 채웠어도 반환일시금 찾지 말고 임의계속가입으로 10년을 채워서 꼭 연금으로 받으세요.

국민연금 임의(계속)가입자 수 추이

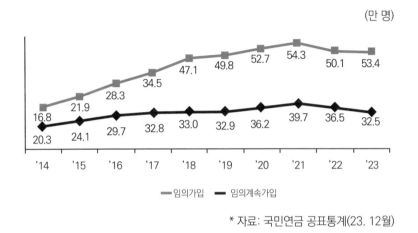

(만 명)

* 자료: 국민연금 공표통계(23. 12월)

4. 군인, 공무원, 교사 조기 퇴직자의 선택

올해 50대 중반인 친구가 오랜 직업군인 근무를 마치고 지난 3월 퇴직했더군요. 30년 넘는 복무 기간에 전후방 근무는 물론 해외 파병까지 고생도 많았는데 무사히 전역한 친구가 자랑스러웠습니다.

"그래, 이제 연금도 바로 나오고 자유의 몸이니 좀 쉬어야지?"

"쉬기는 무슨, 작은아이가 아직 중학생이라 쉬지도 못해."

"그래도 군인연금이 있으니 든든하잖아."

"꼭 그렇지도 않아. 아이들 키울 생각 하면 너무 이른 퇴직이잖아. 아무튼 6개월 정도 쉬면서 다른 직장 좀 알아보려고."

"그래, 천천히 생각해. 그리고 재취업도 좋은데 우선 국민연금에 가입하는 게 어때?"

"이 나이에 국민연금? 군인도 가입이 되나? 얼마나 내야 하는데?"

공무원, 교사, 군인은 재직 중에는 국민연금 가입이 안 되지만 퇴직 후에는 가능하고 군인연금과 국민연금을 동시에 받을 수도 있다고 설명해 주었습니다. 친구는 국민연금 애플을 다운받더니 그날 바로 임의가입을 하더군요. 군인의 실행력에 깜짝 놀랐지만 친구의 미래에 조그마한 도움이 되어서 기뻤습니다.

이처럼 직역연금 대상으로 공직에서 조금 일찍 퇴직한 분들은 국민연금 임의가입이 가능합니다. 이전에 국민연금을 낸 적이 없는 분들은 60세가 넘으면 임의가입이 안 되니 60세 이전에 퇴직했다면 꼭 국민연금 임의가입을 추천합니다. 혹시 신규로 국민연금에 가입했지만 나이 때문에 10년을 채우지 못하더라도 공적연금 연계 제도를 신청하면 국민연금도 수령이 가능합니다.

이전에 한 번이라도 국민연금을 낸 적이 있다면 더 좋습니다. 이 경우에는 반환일시금을 받지 않았기 때문에 국민연금 가입 자격을 유지하고 있으므로 퇴직 후 재가입하거나 60세 이후라도 임의계속가입이 가능합니다. 납입 기간이 10년이 안 되면 65세 이후까지도 납부할 수 있죠. 혹시 2000년 이전에 반환일시금을 받은 경우라면 반납하고 국민연금을 살릴 수 있습니다. 또 이전에 국민연금을 낸 적이 있다면 추후 납부도 가능한데 이때는 공무원 기간을 제외하고 메꿀 수 있습니다.

직역연금에서 나오는 연금액으로 국민연금을 꾸준히 납부하면 두 개의 연금 주머니가 만들어져 다른 어떤 금융상품보다 훌륭한 선택이 될 것입니다. 공직에서 퇴직한 분들은 다양하게 국민연금을 활용할 방법이 있으니 국민연금 지사에 문의해 보시기 바랍니다.

5. 평생 최고의 수익률, 연기연금

"언제 죽을지도 모르고 기금 고갈 문제도 있다는데 한 살이라도 젊었을 때 받아 써야지 왜 연기연금을 신청하느냐"고 하시는 분들이 많습니다. 또 기초연금 탈락이나 건강보험료 부담이 커지니 굳이 연기연금으로 수령액을 늘릴 이유가 없다고 하십니다. 그런데 정말 그럴까요? 저의 결론은 자기의 상황에 따라 다르다는 것입니다. 꼭 이럴 때 모호하게 말한다고요? 그럼 저는 이렇게 말하고 싶네요. 웬만하면 연기연금으로 2~3년만 늦게 받으세요!

연기연금이란 국민연금의 전부 또는 일부를 정상 수령 연령보다 최대 5년까지 연기할 수 있는 제도입니다. 이때 연기 1개월마다 0.6%를 추가 지급하므로 1년 연기하면 '7.2%+물가 인상률', 5년 연기하면 정상 수령보다 '36%+물가 인상률'만큼 더 받는 제도입니다. 그럼 5년 연기했으니 5년간만 더 받을까요? 아닙니다. 평생 가산하여 더 받습니다. 매년 물가 인상률도 연기연금 전액에 반영하니 더욱 효과가 좋습니다.

수익률로 따진다면 어마어마한 이익이죠? 또 연금을 쪼개서 일부만 받고 나머지는 연기연금을 신청할 수도 있습니다. 연금 수령액의 50~90%까지 10% 단위로 선택하여 연기할 수 있으니 자신의 형편에 따라 선택하면 됩니다.

연기하면 더 받는다는 것은 알겠는데 그럼 몇 살까지 살아야 정상연금 대비 유리할까요? 63세 월 100만 원 정상 수령하는 분이 (1961~1964년생) 5년 연기하고 물가 인상률 1.5%로 가정하면 81세를 기점으로 연기연금 수령 총액이 정상연금을 넘어서게 됩니다. 90세까지 산다고 가정하면 연기연금으로 받는 총액이 정상연금보다 약 5,500만 원 더 많습니다. 이익은 맞는데 68세까지 국민연금을 연기하는 게 쉬운 일은 아니죠.

그럼 3년만 연기해서 66세에 개시해 볼까요? 손익분기점 78세부터 연기연금 누계액이 정상연금보다 더 많아집니다. 90세까지 생존한다면 정상 수령 대비 약 4,100만 원 더 받습니다. 장수 시대, 높은 수익, 물가 인상률 반영 등 여러 장점을 고려하면 최대한 다른 자금으로 3년을 버티고 국민연금은 마지막 순서로 수령하는 것이 현명한 전략입니다.

한 지인은 1961년생으로 2024년부터 국민연금을 수령하는 나이가 되었습니다. 지난 5월에 저에게 묻더군요.

"내가 3월생이라 지난달부터 국민연금을 받기 시작했어."

"아, 축하드립니다. 혹시 연금 개시 이전에 가입 기간을 늘리는 것도 알아보셨나요?"

"그럼, 우리 딸이 알려줘서 추후 납부를 다 했지. 얼마 안 되지만 덕분에 연금액이 늘어서 아주 만족해."

"잘하셨습니다. 연금 받아 써보니 적은 금액도 큰 도움이 되죠?"

"아직 쓰지는 않아. 남편이 수입이 있어서 내 연금은 적금을 넣고 있어."

"예? 국민연금 수령액으로 적금을 넣는다고요?"

"더 늙으면 병원비 같은 목돈이 들어가니까 걱정이 돼서."

"아이고, 추후 납부까지는 잘하셨는데 연금 수령 방법이 아쉽네요. 연기연금을 신청했더라면 적금 금리보다 훨씬 높은 7.2%로 평생 더 받을 텐데요."

"그렇게나 많이? 아이고 내가 미처 몰랐네. 그럼, 지금이라도 연기 신청하면 안 될까?"

"연기연금은 연금 수령 전까지만 신청할 수 있어서 아쉽지만 이제 연기가 안 돼요."

저는 헤어지고 나서도 못내 아쉬웠습니다. 당장 연금을 사용하지 않을 거라면 연기연금을 신청하는 것이 훨씬 유리합니다.

그럼, 연기연금이 불리한 경우는 없을까요? 먼저 조기에 사망하면 당연히 불리합니다. 많이 받기 위해 늦게 개시했는데 일찍 돌아가시면 의미가 없겠죠. 그래서 자신의 건강 상태와 가족력을 고려해서 선택해야 합니다. 또 유족연금은 사망한 배우자가 정상 연령에 개시했다고 가정한 기본연금액 기준으로 지급되므로 연기연금의 증액 효과는 사라집니다.

깨알 장점도 있습니다. 국민연금을 연기하는 동안에는 당연히 건보료에 반영되지 않습니다. 국민연금 예상 수령액이 연간 2,000만 원 초과하는 분들은 연기하면 건보료도 아낄 수 있겠네요. 구더기 무서워 장 못 담글 걱정보다 대부분의 경우 국민연금을 늘리는 것이 훨씬 유리합니다.

국민연금 연도별 인상률

연도	16~20	21	22	23	24	25
인상률	1.1%	0.5	2.5	5.1	3.6	2.3

* 1916~2020년: 연평균 1.1%

* 물가 연동하여 인상: 최근 10년 평균 연 1.95%, 5년 평균 연 2.8%

* 연기연금 선택하면 1년당 '7.2%+인상률'만큼 연금액 증가

6. 기초생활수급자의 국민연금 활용

「국민기초생활 보장법」에 의한 기초생활수급자도 자신의 희망에 따라 국민연금을 통해 얼마든지 노후 준비를 할 수 있습니다. 기초생활수급자로 직장생활을 하는 분이라면 국민연금 사업장 의무가입 대상입니다. 만약 가입을 희망하지 않으면 적용 제외를 신청할 수는 있습니다만 이 경우 임의가입 신청도 제한됩니다. 그러니 재직 중에 회사와 내가 반반씩 부담하는 국민연금을 굳이 마다할 필요는 없겠죠.

다음으로 자영업 같은 국민연금 지역가입자 중에 기초생활수급자로 지정되면 국민연금 가입자에서 제외되며, 자신이 희망하는 경우 임의가입을 통해 국민연금에 가입할 수 있습니다. 이때 보험료는 소득의 9%, 소득이 없는 경우는 월 3만 5,000원(24. 7월 기준, 매년 7월 변경)을 납부하면 됩니다.

소득이 낮은 분들은 국민연금이야말로 가장 효과가 좋은 노후 준비

방법입니다. 낸 돈 대비 받는 연금액의 비율이 가장 높고 보험료 원금을 회수하는 상계 연수도 짧아 국민연금의 사회보장 기능을 충분히 활용할 수 있기 때문입니다. 간혹 상담 중에 기초연금을 못 받을까 봐 국민연금을 저어하는 분들을 만나곤 합니다. 기초연금 편에서 말씀드리겠지만 국민연금 월 50만 원까지는 기초연금을 다 받을 수 있고 60만 원이 되어도 2~3만 원 감액이니 자신의 사정에 따라 국민연금을 최대한으로 가입하시길 추천합니다.

여기까지 장수 시대 국민연금이 최후의 보루가 되는 장점에 대하여 말씀드렸습니다. 그러나 일부 SNS에서는 자극적인 제목으로 국민연금의 부정적인 측면을 부각하는 영상이 많이 보입니다. 이제부터 국민연금의 부정적인 의견들에 대하여 살펴보겠습니다.

일찍 받는 조기연금, 79세가 손익분기점

얼마 전 시내버스 회사의 상담 부스에서 있었던 일입니다. 그 회사는 63세가 정년인데 퇴직 후에도 1년씩 계약직으로 연장하여 사고만 없다면 60대 후반까지 일할 수 있었습니다.

"여기는 정년이 늦고 70세까지 근무하면 생활비도 충당이 될 테니 국민연금을 조금 늦게 받으면 효과가 좋습니다"라고 추천했는데 기사님

-3년 조기: 79세부터 정상연금 누계액이 많아짐
-3년 연기: 79세부터 연기연금이 누계액이 많아짐(물가인상률 포함 계산)

65~68년생 조기·연기 누계 수령액

(단위: 만 원)

	61세	64세	67세	69세	79세	90세
정상 수령	-	1,200	4,909	7,475	21,519	41,378
3년 조기	984	4,025	7,206	9,406	**21,448**	36,938
3년 연기	-	-	1,513	4,608	**21,543**	**43,328**
5년 연기	-	-	-	1,722	20,429	44,492

* 64세 정상 수령(월 100만 원), 물가 인상률 연 1.5%

3년 연기 → 건보료에 미치는 영향

- 국민연금 100만 원: 3년 연기하면 연금 20만 원 증가, 건보료 +1만 원 늘어남
- 국민연금 150만 원: 3년 연기하면 연금 30만 원 증가, 건보료 +1.3만 원 늘어남

(월 단위, 만 원)

64세 수령	수령 시점	차이	64세	67세	70세	75세
국민연금 100만 원	정상 수령	건보료	4	4.2	4.4	4.7
	3년 연기	건보료		5	5.3	5.7
		연금 증가	-	22	23	24
국민연금 150만 원	정상 수령	건보료	6	6.3	6.6	7.1
	3년 연기	건보료	-	7.6	7.9	8.5
		연금 증가	-	32	34	36

* 64세 정상 수령(월 100만 원), 물가 인상률 연 1.5%, 건보료 8%(+장기요양보험료)

들 반응이 예상과 다르더군요.

"아이고 그런 소리 마세요. 그러다가 기초연금 탈락하고 건강보험료도 폭탄 맞아요. 여기는 오히려 조기연금 신청해서 연금을 줄이는 사람이 많아요."

"기사님, 피부양자 기준에 달랑달랑한 정도만 아니면 폭탄은 아닙니다. 대부분 2~3년 늦게 받는 것이 유리하니 다시 한번 생각해 보세요."

"젊었을 때 먼저 받아서 좀 써야지, 늙어서 더 받아봤자 소용없어요."

저의 설명에도 기사님들 의지가 강해서 더 이상 권유하지는 못했습니다.

64세 정상 수령인 분들은 5년 조기 수령하면 77세, 3년 조기 수령하면 79세가 손익분기점입니다. 77, 79세부터는 정상 수령액이 더 많아진다는 것이죠. 자기의 건강 상태와 기타 연계제도 탈락을 고려하여 판단하되, 다른 소득이 좀 있다면 최대한 다른 방법을 찾아 생활비를 해결해 보고 조기연금은 마지막으로 선택해야 합니다.

조기연금은 국민연금이 나오는 정상 연령에서 최대 5년까지 당겨 받을 수 있는 제도입니다. 이때 조기 수령 1년마다 6.0%씩 연금액을 깎습니다. 만약 64세 정상 수령액이 100만 원인데 63세에 시작하면 6% 할인된 94만 원을 받고 5년을 당겨 59세에 시작하면 30% 할인하여 70만 원을 받습니다.

이렇게 깎인 연금을 몇 년간 받을까요? 5년 당겼으니 5년만 적게 주고 64세부터 다시 정상연금을 지급할까요? 아닙니다. 할인한 연금액으로 평생 적게 줍니다. 직장 다니는 오랜 기간 부은 국민연금을 몇 년 당겨 받는 바람에 남은 인생 30년을 적게 받으니 얼마나 아깝습니까?

최근 국민연금을 조기 수령하는 분들이 늘고 있습니다. 정상 수령 나이가 1년씩 늦춰진 영향이 큽니다. SNS에는 '국민연금 수령까지 생활비가 부족하다', '일찍 사망하면 손해니 한 살이라도 젊을 때 받자', '조기 수령해서 재투자하는 것이 낫다', '건강보험료와 기초연금 손해가 크다' 등 여러 이유로 조기연금이 유리하다는 의견도 있습니다.

실제로 조기연금 수급자는 2018년 58만 명에서 2023년에는 85만 명으로 계속해서 늘어나고 있습니다. 2023년 조기연금 신규 수급자도

조기노령연금 수급자 추이

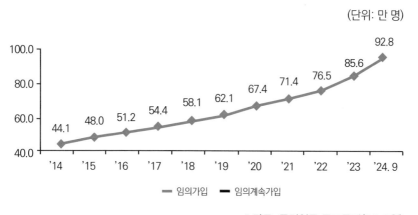

(단위: 만 명)

* 자료: 국민연금 공표통계(24. 9월)

11만 명으로 전년 대비 89%나 뛰었는데 한 해 10만 명이 넘은 것은 처음입니다.

어떤 분들은 조기에 수령하여 ETF나 고금리 적금에 투자하면 정상연금보다 낫다고 합니다. 60대 중반에 여유가 있어 국민연금을 재투자할 수 있는 분들이 많지도 않겠지만 수익률도 딱히 유리하다고 할 수 없습니다. 조기 수령하면 연 6% 할인하지만, 연기한다면 7.2%에 물가 인상률까지 늘어나니 웬만한 투자수익률보다 낫습니다.

80대에 얼마나 돈이 필요하겠냐 젊어서 다리 쌩쌩할 때 당겨 받는 게 낫다고도 합니다. 하지만 80세가 넘어 집중적으로 발생하는 의료비와 요양비를 생각한다면 젊을 때 고생이 더 견딜 만하지 않을까요? 소득이 부족한 상황에서 의료비를 충당하지 못하는 노년의 삶은 비참할 것입니다. 조기 수령의 효용보다 장수 리스크를 대비하는 것이 낫다는 생각입니다.

기초연금 탈락, 건강보험 피부양자 탈락을 걱정하여 연금액을 줄이고자 조기연금을 신청하는 분들도 계십니다. 만약 자신의 국민연금 정상 수령 예상액이 이 탈락 조건에 간당간당하면 조기연금을 고려할 수 있다고 봅니다. 다만, 기초연금과 건강보험은 정책 기조가 바뀌면 그 기준도 언제든 변할 수 있습니다. 지금은 탈락하지 않는다 해도 물가 반영으로 연금액이 올라 탈락한다면 머리 굴리다가 국민연금만 줄어드는 자충수가 될 수도 있습니다. 건강보험도 자녀의 피부양자가 될 수 있는 상황인데 조기연금을 신청하고 이자소득이 추가되어 지역건보료를 내는 분도 보았습니다.

참고로 조기연금 신청 시 근로소득자는 월 400만 원 이내, 사업소득자는 필요경비 제외 후 월 299만 원 이하일 때만 신청이 가능합니다.

아니, 소득이 있다고 국민연금을 깎아?

60세 퇴직 후에도 재취업으로 일하는 분들이 늘어나고 있습니다. 대부분 경제적인 이유로 일을 놓지 못하고 소득 활동을 계속하십니다. 그런데 소득이 있다고 국민연금을 감액한다니 이게 무슨 말인가요? 재직자 노령연금 감액 제도는 국민연금을 수령하는 동안 소득이 일정 금액을 초과하면 '정상 개시 연령'부터 5년간 국민연금을 감액하고 5년 이후에는 소득 상관없이 전액을 지급하는 제도입니다. 그럼, 소득이 얼마나 있어야 감액할까요?

다음 표를 보면 월 소득금액이 2025년 기준인 308만 9,000원을 초과하면 감액합니다. 여기서 월 소득금액이란 총소득에서 필요경비를 공제한 금액입니다. 이를 바탕으로 계산하면 근로소득자의 경우 세전 소득 월 400만 원까지는 감액이 없고 500만 원까지도 월 5만 원 이내 감액입니다. 어떠세요? 60세 이상 일반적인 소득으로는 노령(국민)연금

재직자 노령연금(국민연금) 감액제도

- 월 소득액이 A값을 초과하는 소득이 있으면 5년간 감액
- 월 소득액 = 공제 후 소득[근로소득, 사업(임대)소득]
  * 이자 · 배당소득은 제외
- A값: 국민연금 전체 가입자 월 평균 소득(2025년 308만 9,062원)

※ 근로소득 공제

연간 총급여액	근로소득공제액
500만 원 이하	총급여액의 70%
500만~1,500만	350만 원+(500만 원 초과분의 40%)
1,500만~4,500만	750만 원+(1,500만 원 초과분의 15%)
4,500만~1억 원	1,200만 원+(4,500만 원 초과분의 5%)
1억 원 초과	1,475만 원+(1억 초과분의 2%)

* 일용근로자 공제액: 1일 15만 원

※ 사업소득 공제

- 사업자등록: 기본공제 400만 원 + 필요경비 60%
- 사업자미등록: 기본공제 200만 원 + 필요경비 50%

[월 감액 금액] = [(총소득−공제금액)−A값] × 감액산식

→ 2025년은 세전 소득 월 440만 원까지는 감액 없음

A값 초과 소득 월액	노령연금 감액산식	월 감액
~100만 원	초과 소득 월액의 5% 감액	~5만 원
100만~200만	5만 원+(100만 원 초과분의 10%)	5~15만
200만~300만	15만 원+(200만 원 초과분의 15%)	15~30만
300만~400만 원	30만 원+(300만 원 초과분의 20%)	30~50만
	50만 원+(400만 원 초과분의 15%)	

감액이 생각보다 크지 않습니다. 월 소득 700만 원이면 28만 원 감액이네요. 임대소득이 있으면 합산하는데 월 임대료 100만 원인 경우 사업자등록자는 7만 원, 사업자미등록자는 33만 원이 월 소득으로 잡힙니다.

정리해 보죠. 국민연금 정상 수령 연령부터 5년 동안 월 소득 400만 원까지는 감액이 없고, 500만 원도 감액 5만 원 미만입니다. 만약 월 소득이 500만 원보다 많다면 이때는 연기연금을 신청하면 됩니다. 감액은 정상 수급 나이부터 5년 동안만 적용되기 때문에 5년 연기하면 감액 기간을 전부 건너뛸 수 있습니다. 연기 1년당 국민연금이 7.2%씩 증액되고 종합소득에서 빠지니 건강보험료에도 반영되지 않아 이익이 큽니다.

노후에 먹고살려고 일하는 건데 연금마저 깎는다는 불만이 많습니다. 하지만 60대 중반 월 500만 원 이상 고소득자 외에는 감액이 크지 않고 정부도 노후 소득 강화와 고령자 경제활동 제고 차원에서 제도 폐지를 검토하고 있다니 너무 걱정하지 않아도 되겠습니다.

국민연금 많이 받으면 건강보험료 폭탄?

퇴직하면 가장 먼저 오는 연락이 건강보험 지역가입자 안내장이라는 퇴직자들의 전언이 있습니다. 그만큼 퇴직한 분들이 건강보험에 민감하다는 뜻이겠죠. 퇴직 후에 자녀 밑으로 피부양자가 된다면 건보료를 내지 않아 좋겠지만 까다로운 조건이 있답니다. 자세한 내용은 뒤의 건강보험 편에서 말씀드리기로 하고요, 여기서는 국민연금에 관련된 부분만 살펴보겠습니다.

건강보험은 연간 소득(근로, 사업, 금융, 연금, 기타) 합계가 2,000만 원을 초과하면 자녀의 피부양자에서 탈락하여 지역가입자로 건보료를 내야 합니다. 여기서 연금소득은 공적연금만 반영되므로 국민연금이 포함됩니다. 다른 소득 없이 국민연금만 있다면 월 수령액이 166만 원을 초과하면 피부양자에서 탈락하는 것이죠.

그렇다면, 국민연금에 따라붙는 건보료는 얼마나 될까요? 피부양자 탈락 여부를 결정할 때는 국민연금 수령액 전액을 기준으로 하지만, 건보료를 계산할 때는 국민연금 수령액의 50%만 반영합니다. 건보료율은 소득의 8%(장기요양보험료 포함)이므로 국민연금을 월 100만 원 받는다면 그 절반인 50만 원의 8%인 4만 원이 나오네요. 국민연금이 월 10만 원 많아지면 건보료는 4,000원 늘어납니다. 어떠신가요? 생각보다 폭탄 수준은 아니죠? 피부양자 탈락 기준에서 간당간당하는 분들 외에는 국민연금을 증액해도 건보료 영향이 크지는 않습니다.

피부양자 탈락 소득 기준은 2022년 9월 3,400만 원에서 2,000만 원으로 내렸듯이 앞으로도 내릴 가능성이 있습니다. 또 물가에 따라 연금액이 증액되다 보면 2,000만 원을 넘길 수도 있죠. 우리나라 건강보험

제도가 세계 최고 수준이니 아까워 말고 국민연금을 올리는 것에 집중하는 것이 정신 건강에 좋지 않을까요.

배우자가 사망하면 국민연금 손해 아닌가요?

여러 기업에서 노후 준비 강의를 할 때 '젊어서 못 한 맞벌이, 연금이라도 맞벌이하자', '배우자 국민연금을 늘리세요'라고 말씀드리면 어김없이 나오는 질문이 있습니다. 목돈 들여 국민연금 부었다가 배우자가 사망하면 한 명분만 받는다는데 굳이 배우자 국민연금을 늘릴 필요가 있느냐는 의견이죠.

틀린 말은 아닙니다만 제가 연금 맞벌이를 강조하는 이유는 부부 두 분이 살아 있을 때 연금 부자로 잘살자는 의미입니다. 솔직히 내가 사망한 후에 연금액이 줄건 말건 나와는 상관이 없죠. 너무 과격한가요? 배우자 국민연금 보험료에 대한 손익을 따지기보다는 두 분이 사는 동안 좀 더 행복한 노후를 보내자는 뜻이니 오해는 마시고요.

부부가 국민연금을 받다가 한 분이 사망하면 남은 사람은 자신의 국민연금을 받을지 아니면 배우자의 유족연금을 받을지 선택해야 합니다.

① 배우자의 유족연금을 선택하면 자신의 국민연금은 받을 수 없습니

다. 유족연금은 사망한 배우자가 받던 금액의 60%입니다(20년 이상 납부했으면 60%, 10~20년은 50%).

② 자신의 국민연금을 선택하면 유족연금의 30%를 추가로 받습니다.

예를 들어 남편이 20년 이상 국민연금 납부해 월 150만 원, 배우자는 60만 원을 받다가 남편이 먼저 사망했다고 가정해 봅시다. 만약 자신의 국민연금을 선택하면 본인분 60만 원에 유족연금(150×60%=90만)의 30%인 27만 원을 더하여 87만 원을 받습니다. 이때는 남편의 유족연금 90만 원을 선택하는 것이 유리하겠죠. 유족연금은 소득세법상 비과세 소득으로 건보료가 부과되지 않으니 ①과 ②가 비슷하다면 유족연금이 유리합니다.

참고로 유족연금은 기본연금액 기준으로 60%입니다. 기본연금액이란 조기연금이나 연기연금을 받고 있었다 하더라도 정상 수급 연령부터 받았다는 가정하에 산정한 연금액이라는 뜻입니다. 또 유족연금을 받던 사람이 재혼하면 유족연금 수급권은 소멸합니다.

이혼과 국민연금

이혼에 따른 국민연금에 대해 궁금한 사항을 알아보겠습니다. 「국민연금법」 64조는 국민연금 수급권자와 혼인 기간이 5년 이상이면 혼인 기간에 해당하는 연금액을 분할하여 지급하도록 하고 있는데 이를 분할연금이라고 합니다. 분할 비율은 원칙적으로 혼인 기간 중 가입 기간에 해당하는 연금액의 5:5인데요, 당사자 협의나 법원 재판으로 비율을 정할 수도 있습니다.

> ☞ **분할연금 수령 조건**
>
> ① 배우자의 국민연금 가입 기간 중 혼인 기간이 5년 이상이고
> ② **신청인 자신이 국민연금 수급 연령이 되어야 받을 수 있음**
> ※ 만약, 국민연금을 받기 전에 이혼했다면 전 배우자가 수급권을 취득하고 자신이 수급 연령이 되어야 가능

예를 들어 이혼한 배우자가 월 노령연금 150만 원을 받던 중 신청인 자신이 수급 연령 63세(1961~1964년생)에 도달하여 분할연금을 청구하면서 분할 비율을 6:4로 별도 합의했다면 생일 다음 달부터 혼인 기간 중 가입 기간에 해당하는 국민(노령)연금액의 40%를 나누어 받을 수 있습니다.

이혼 후 국민연금을 받던 전 배우자가 사망하면 자신은 계속 분할연금을 수령하되 전 배우자의 유족연금은 지급되지 않습니다. 또한 신청인 자신이 국민연금 수급 연령이 안 돼 분할연금 수급권을 얻기 전에 전 배우자가 사망하면 분할연금은 지급되지 않습니다. 반면에 신청인 자

신이 먼저 사망하면 전 배우자에게는 정상연금이 지급됩니다.

분할연금은 이혼 후에 재혼해도 계속 받습니다. 유족연금은 재혼하면 수급권이 소멸하는 점과 다르네요. 부부 모두 국민연금이 있다면 지급 기준은 쌍방 서로 적용되므로 본인 국민연금과 분할연금을 동시에 받을 수도 있습니다. 앞서 분할 비율을 당사자 간 정할 수도 있다고 했죠. 특수한 사례지만 만약 국민연금을 받고 있던 배우자가 중대 질병으로 생존이 얼마 남지 않았다면 협의이혼 후 분할 비율을 1:99로 하여 남은 배우자에게 분할연금을 더 지급하는 방법도 있겠습니다. 분할연금 청구 시효는 신청인이 국민연금 수급 연령이 된 후 5년 이내이고 신청인이 국민연금 수급 연령 이전에 이혼했다면 이혼일 3년 이내에 '분할연금 선청구'를 할 수도 있습니다.

국민연금 늘리면 기초연금 못 받는다고?

기초연금제도는 뒤에서 자세히 말씀드릴 텐데요, 여기서는 국민연금 연계 감액만 알아보겠습니다. 2025년 기초연금은 65세 이상 어르신 중 소득 인정액이 하위 70%에 해당하는 경우 단독가구는 최대 월 34만 2,510원이 지급되고 부부가구는 20% 할인하여 월 54만 8,000원입니다.

국민연금이 많아 감액되는 기초연금은 최대 50%까지입니다. 2025년

기준 국민연금 월 51만 3,000원까지는 감액이 없고 2024년 9월 국민
연금 수급액 평균 65만 원이면 5만 원 정도 감액됩니다.

전문가들과 정치권은 기초연금의 국민연금 연계 감액을 폐지하자고
꾸준히 주장하고 있습니다. 앞으로 제도가 바뀔 수도 있고 감액이 크지
않은 만큼 국민연금 예상액이 월 50만 원 아래에서 간당간당하는 분을
제외하고는 국민연금을 최대한 늘리는 것이 훨씬 합리적인 판단이라고
봅니다(세부 내용은 기초연금 편을 참고하세요).

자녀의 성인식 선물

유대인은 13세에 성인식을 치르는데, 축하 선물은 주로 성경과 시계,
통장이라고 합니다. 성경은 종교적인 이유이고 시계는 시간과 신용의
소중함, 통장은 경제관념과 독립을 상징한다고 하는군요. 여러분은 자
녀가 성인이 되면 어떤 선물을 주시나요? 저는 국민연금을 넣어주라고
권합니다.

소득이 없어도 18세부터 임의가입이 가능하므로 월 보험료 9만 원으
로 국민연금을 가입시키고 형편에 따라 납부를 중지할 수도 있습니다.
중단했더라도 불이익은 없고 10년 후 취업하면 그동안 내지 못한 10년
은 적정 시점에 추후 납부로 메꿀 수가 있습니다. 또래들보다 국민연금
가입 기간이 10년이나 길어 연금액도 훨씬 많아지겠죠. 어떠세요? 제가

볼 때는 아주 훌륭한 선물이 되지 않을까 싶네요.

  독자 여러분, 국민연금은 평범한 서민들의 노후 준비에 있어 부담을 줄이면서도 효과는 가장 좋은 최고의 제도입니다. 제가 기업 강의에서 자주 듣는 말씀이 "대출 있는 집에 자녀 교육까지 빠듯한데 노후 준비할 여유가 없다"는 것입니다.

  하지만 연금 없는 노후 30년은 현재보다 훨씬 고통스럽고 길다는 사실을 잊지 마세요. 여기저기 자극적인 제목의 국민연금 단점에 반응하기보다 최대한 국민연금을 늘린다는 생각으로 공부하고 실행하시길 다시 한번 강조하겠습니다.

....

5장

주택연금: 살고 있는 집으로 노후 자금 확보 전략

60대 이상 자산의 80%가 부동산에 묶여 있는 우리나라 현실에서 주택연금은 매우 합리적인 노후 준비 수단입니다. 은퇴 세대에게 유리한 주택연금 활용법과 주의 사항을 자세히 정리했습니다.

5060이 보유한 자산의 특징

우리나라의 부동산 사랑은 두말할 필요가 없습니다. 집 장만이 인생의 큰 목표였고 그 부동산으로 자산을 키웠다 해도 과언이 아니죠. 경제 성장률 이상의 가격 상승과 짧은 하락에도 높은 회복 탄력성을 보였기 때문에 부동산 불패 신화라는 말도 있습니다. 목돈이 들긴 하지만 집값은 의심할 바 없는 장기 우상향의 투자 자산이었고 주거 안정에 따른 심리적 만족감도 큽니다.

1990년 이후 주식시장 시가총액 30위권을 유지한 기업은 삼성전자, 한전, 포스코, 현대차, LG전자 5개에 불과합니다. 우량주를 장기 보유하면 투자 성과가 좋을 것이라고 하지만 개인의 주식투자는 생각보다 이익을 내지 못했습니다. 그래서 우리는 가격의 하방경직성(수요공급의 법칙에 의해 내려야 할 가격이 어떤 사정으로 내리지 않는 현상)이 큰 부동산에 집중했고 대출을 갚기 위해 오랫동안 허리띠를 졸라매는 만큼 집에 대한 애착도 컸습니다.

연령별 가구주 자산 변화

(단위: 억 원)

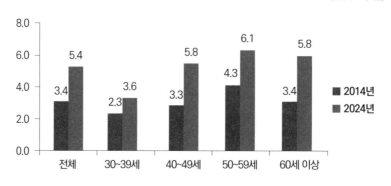

* 자료: 2024 가계금융복지조사

2024년 가계금융복지조사에 따르면 60대 이상 가구주의 평균 보유 자산은 5억 8,000만 원으로 지난 10년 동안 72%(2억 4,000만 원)나 증가했습니다. 부동산 가격 상승의 영향이 큰데요, 전체 연령대 평균 증가율 61%보다 높으니 자산관리가 나쁘지 않았네요. '60대 이상 가구주가 노후 자산을 잘 마련했구나'라고 생각할 수도 있는데 자산의 구성을 보면 생각이 달라집니다.

2024년 우리나라 전체 가구는 금융자산이 25%, 실물자산이 75%입니다. 부동산 같은 실물자산의 비중이 아주 높은 편이죠. 해외는 좀 다릅니다. 금융투자협회의 '22년 주요국 가계 금융자산 비교'에서 주요국은 금융자산 위주인 것을 알 수 있습니다. 미국은 금융자산이 71.5%, 일본 63%, 영국 53.8%입니다. 우리와 비슷한 구조인 오스트레일리아(금융자산 38.8%)를 제외하고 주요국은 금융자산 중심으로 자산을 보유하고 있네요.

그럼, 우리 5060의 자산 구성은 어떨까요? 60세 이상 가구는 평균 보유 자산 5억 8,000만 원 중 실물자산이 4억 7,000만 원입니다. 자산의 81%가 실물자산에 편중되어 있는데 전체 연령대에서 이 비율이 가장 높습니다. 10년 전 82%와 거의 차이가 없네요. 우리 60대는 강산이 한 번 변해도 여전히 집 한 채가 재산의 대부분인 세대입니다.

50대는 평균 보유 자산이 6억 1,000만 원으로 10년 전이나 지금이나 전체 연령대에서 가장 많은 자산을 보유한 세대입니다. 왕성한 사회 활동으로 자산을 축적하고 노후 준비도 병행하는 나이죠. 이 50대의 실물 자산 비중은 2024년 75%로 10년 전보다 2% 늘었네요. 60대보다는 낮아도 여전히 부동산 비중이 높습니다. 이처럼 우리의 5060 중장년층은 노후를 준비할 나이거나 또는 이미 퇴직한 나이에도 자산의 70~80%가 부동산에 잠겨 있는 것이 현실입니다.

한편 65세 이상 노령층의 연금소득은 아주 빈약합니다. 24. 8월 통계청 '2022년 연금통계'에 따르면 65세 이상 인구 904만 명 가운데 하나라도 연금을 받는 사람은 818만 명(기초연금 616만 명, 국민연금 435만 명)입니다. 전체의 90%가 연금 수급자로 범위는 넓어졌으나 평균 연금액은 월 65만 원으로 최저생계비에 한참 모자랍니다. 부부가구도 월 83만 원에 그치고 50만 원 미만 가구도 44%에 이릅니다. 65세 이상 취업자(28%)의 연금도 월 74만 원으로 낮은 점은 동일합니다.

그런데도 60대 이상 가구 자산의 81%가 실물자산에 쏠려 있으니 우

가구주 연령별 자산 구성

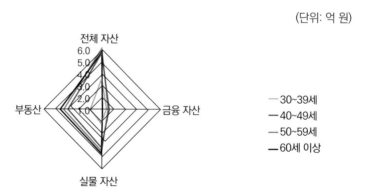

(단위: 억 원)

리나라는 부동산을 제외하고 노후 준비를 말하기가 어려운 것이 현실입니다. 바꾸어 말하면 주택연금이 우리 사회의 특성에 매우 적합한 대안이 될 수 있다는 것입니다.

주택연금에 대해 궁금한 다섯 가지

저는 기업에서 강의할 때 주택연금의 중요성을 아주 강조하고 있습니다. 특히 퇴직을 앞두고 노후 준비가 부족한 직장인에게는 국민연금과 함께 아주 유용한 대안임을 말씀드리는데 질문도 많이 나옵니다. 주택연금은 사실 아주 간단한 상품인데요, 가지고 있는 집에서 살면서 집을 담보로 부부가 모두 돌아가실 때까지 평생 연금을 받는 제도입니다. 언뜻 들으면 아주 간단한데 세부 내용은 잘 모르는 분들도 많고 오해하는 부분도 있어 주택연금에 대해 궁금한 점 다섯 가지를 정리해 보았습니다.

첫째, 가입 조건은 부부 중 한 명이 만 55세 이상이고 주택 공시가격이 12억 원(시가로는 약 17억) 이하면 신청할 수 있습니다. 다주택자라도 합산 가격이 12억 원 이하면 가능한데요, 공시가격이 12억을 초과한 2주택자라면 주택연금 가입 후 3년 이내에 1주택을 처분하면 됩니다. 아파트, 빌라, 단독 다세대 같은 주택은 물론이고 주거 목적 오피스텔도

145

가구주 연령대별 자산보유액(평균)
- 10년 동안 전체 자산 평균이 61% 증가했고
- 50대 자산이 6억 1,000만 원으로 가장 많음
- 60대 10년 전보다 72% 늘어나 전체 평균을 상회

(만 원)	전체	30~39세	40~49세	50~59세	60세 이상
2014년	33,539	23,226	33,078	43,374	33,869
2024년	54,022	36,175	58,212	61,448	58,251
증감	20,483	12,949	25,134	18,074	24,382
증감률	61%	56%	76%	42%	72%

가구주 연령대별 자산 구성
- 2024년 연령이 높을수록 실물자산 비중이 높음
· 30대 60% → 40대 72% → 50대 75% → 60대 81%
- 총자산 대비 부동산 비중은 10년 전과 비교 시
· 50대 67% → 69%, 60대는 78%로 변동 없음

(만 원)		총자산	금융 자산	실물 자산	%	(부동산)
전체 2024년		54,022	13,378	40,644	75	38,084
50~59세	2014년	43,374	10,662	31,866	73	29,247
	2024년	61,448	15,589	45,859	75	42,666
60세 이상	2014년	33,869	5,736	27,724	82	26,553
	2024년	58,251	10,976	47,275	81	45,241

가능합니다.

둘째, 가입 자격을 따질 때는 공시가격으로 하지만 연금을 지급할 때는 시가 기준입니다. 주택연금 지급액 표에 있는 주택 가격은 모두 시가 기준입니다. 신청 나이가 많을수록 연금액이 커지는데 여기서 나이는 부부 중 나이가 적은 사람 기준이라는 점 주의하세요.

셋째, 연금액은 처음 가입할 때 확정되어 평생 같은 금액이 지급됩니다. 그런데 집값이 오르거나 내리면 나는 어떤 선택을 할 수 있을까요? 집값이 올라 해지하고 싶으면 그동안 수령한 연금과 대출이자 비용을 반납하고 해지하면 됩니다. 그리고 3년 후에 재가입하면 오른 집값으로 연금을 더 받을 수 있죠. 만약 집값이 내리더라도 주택금융공사가 해지할 수는 없습니다. 유지와 해지의 선택권이 나에게 있어 유리하게 판단하면 됩니다.

넷째, 부부 모두 사망하면 집을 처분하여 그동안 받은 연금과 각종 비용을 정산한 후 남은 금액이 있으면 자녀에게 상속되고 부족하더라도 추가로 청구하지는 않습니다. 꽤 괜찮아 보이죠? 주택연금은 사실상 담보 대출이기 때문에 보증료, 대출이자와 같은 비용이 발생은 합니다만 내가 납부할 필요는 없고 부부 모두 사망한 후에 집을 처분하여 정산하는 방식입니다. 살아 있는 동안 대출이자를 내지 않아도 되고 금리가 오르내리는 것도 신경 쓰지 않아도 되니 마음이 편안하다는 것이 아주 큰 장점입니다.

다섯째, 담보 대출이 남아 있는 주택은 인출 한도 내에서 대출을 상환하고 나머지를 연금으로 수령할 수 있습니다. 보유 주택이 재개발, 재건축되거나 이사를 하더라도 새 주택으로 주택연금을 이어갈 수 있습니다.

주택연금을 개시하면 기본적으로 그 집에 거주해야 합니다만 실거주 예외 인정 사유에 해당하면 살지 않아도 연금을 계속 받을 수 있습니다. 실버타운이나 요양병원, 요양원으로 이주, 자녀의 봉양이 필요해 자녀 집으로 이사하는 경우 내 집은 임대(월세)를 놓아 추가 소득을 올릴 수도 있어 노후에 건강 문제가 생겨도 큰 도움이 됩니다.

제가 기업 강의에서 주로 받는 질문 위주로 정리해 보았는데요, 주택연금에 대한 궁금점이 좀 풀리셨나요? 주택연금은 주의해야 할 점도 있겠지만 장점이 훨씬 많아 보입니다. 노후 소득이 부족하고 집 한 채만 있다면 충분히 고려할 만합니다. 아니, 어쩌면 여유 있는 노후를 위해 꼭 가입할 필요가 있는 제도입니다. 이 책의 4부에 홀로 남은 배우자를 위해 주택연금이 어떤 역할을 하는지 80대 현금 흐름의 변화와 함께 추가로 설명했으니 참고하세요.

주택연금 얼마나 받을까?

주택연금으로 받을 수 있는 연금액이 얼마나 되는지 알아볼까요? 부부 중 나이가 적은 사람 기준이고 집값(시가)에 따라 연금액이 정해집니다. 다음 표를 보면 신청 나이가 많을수록 집값이 비쌀수록 연금액도 늘어나는 것을 볼 수 있지요. 주택 시세 12억까지만 보이는 것은 12억을 초과하더라도 연금액이 동일하기 때문입니다. 만약 12억 원 초과 주택에 사는 분이 주택연금을 신청하려면 해당 주택을 팔고 12억 원 이하로 이사한 후에 신청하면 되겠죠.

주택 가격은 한국부동산원과 국민은행의 시세, 공시가격 순으로 정하는데 공시가격이 없는 경우는 시가표준액 또는 감정평가액을 순차적으로 적용합니다. 주택 시세가 같더라도 종류에 따라 감정평가액이 다른데요, 일반 주택이 가장 높고 노인복지주택, 주거용 오피스텔 순입니다.

주택연금 월 지급액 테이블은 주택 가격, 기대수명, 금리 등의 전망

2025년 주택연금 월 지급액

(단위: 만 원)

집값→	3억	5억	7억	9억	12억
55세	44	73	103	133	177
60세	60	100	140	180	240
65세	72	121	169	218	291
70세	89	148	208	267	327
75세	111	185	259	334	353
80세	142	237	332	393	393

* 2025년 일반 주택 종신 지급 방식(천 단위 절사)

🧾 주택연금 이용 현황(24. 10월말)

- 지급 방식별 선택 비율
 · 종신형(62%), 종신혼합형(23%), 우대형(7.9%), 대출상환형(3.7%)
- 지급 유형별 선택 비율
 · 정액형(70%), 전후후박형(16%, 폐지됨), 초기증액형(7.7%)

※ 지역별 주택연금 이용 현황

	전국	서울	경기	부산
평균연령	72세	72	72	72
평균 월 지급금	122만 원	164	130	104
평균 주택 가격	3.9억	5.5	4.1	3.0
가입자 수	13.3만 명	4.6	4.6	1.1

* 자료: 한국주택금융공사 홈페이지

🧾 60세 이상 주택 소유주 대비 주택연금 가입률

- 주택 소유주 대비 주택연금 가입률은 2.2%로 매우 낮음
- 2015년 이후 주택연금 가입자는 꾸준히 늘고 있음

	2015년	2020년	2021년	2022년	2023년
주택 소유주 (60세 이상)	357만 명	470.5	498.6	522.8	549.4
주택연금 가입자	29,120명	81,206	92,011	106,591	121,476
신청률	0.8%	1.7%	1.8%	2.0%	2.2%

* 자료: 국가통계포털 주택 소유 통계(가구 단위), 주택연금 누적 가입자

을 고려해 매년 3월에 조정하는데 최근에는 지급액이 하락하는 추세입니다. 예를 들어 65세 기준 5억짜리 주택을 가지고 2025년에 신청하면 월 121만 원을 받는데 2022년에 신청했으면 128만 원이었습니다.

65세 이전에 신청해야 유리하다

2024년 10월 기준 주택연금 가입자의 평균연령은 72세입니다. 가입 중인 분들의 나이니까 개시 시점보다는 많겠지만 생각보다 고령이네요. 주택연금에 가입하는 분들은 나이, 집값 전망, 자녀와의 관계 등을 종합적으로 고려하여 신청 시점을 선택합니다. 그럼, 몇 살에 신청하는

연금 개시 연령별 누계수령액

(단위: 만 원)

(만 원)	월 연금액	85세 누계	90세 누계	95세 누계
55세 개시	73.9	27,491	31,925	36,359
60세 개시	100.1	31,231	37,237	43,243
65세 개시	121.2	30,542	37,814	45,086
70세 개시	148.7	28,550	37,472	46,394
75세 개시	185.5	24,486	35,616	46,746
80세 개시	237.4	17,093	31,337	45,581

* 2025년 일반 주택 5억, 종신 지급 방식

것이 유리할까요?

늦게 신청할수록 연금액은 커집니다만 수명은 유한하므로 부부 중 장수하는 분 기준으로 개시 연령별 누계수령액을 비교해 보겠습니다. 수도권 주택연금 신청자 평균 주택 가격인 5억 원으로 예를 들어볼게요.

만약, 부부 중 오래 사시는 분이 90세에 돌아가신다면 65세에 개시할 때 누계 3억 7,814만 원으로 가장 많이 받으시네요. 그런데 5년 당겨서 60세에 신청해도 600만 원밖에 차이가 나지 않습니다. 60세에서 64세까지 월 100만 원을 먼저 받는 사용 가치를 고려하면 60세 신청도 괜찮아 보입니다. 70세에 신청하면 누계액은 비슷하지만 60대 시절에 연금을 사용하지 못하니 좀 늦은 감이 있네요.

95세까지 산다고 해도 60세 개시와 65세 개시는 월 5만 원 차이밖에 나지 않네요. 주택연금은 물가 인상률도 반영되지 않는 정액 지급이니만큼 60세 개시도 고려할 만합니다. 어떠십니까? 아까 국민연금은 되도록 2~3년 늦게 신청하라고 말씀드렸는데 주택연금은 나이 적은 배우자 기준 60세와 65세 사이에 조금 일찍 신청해서 국민연금이 나오기 전에 필요 자금으로 활용하는 것을 추천합니다.

눈썰미 있는 분들은 눈치채셨겠지만 95세까지 살아도 연금 누계액이 집값 5억 원을 넘지 못하죠? 이는 주택금융공사에서 연금액 산출 시 100세 사망으로 가정했기 때문인데 95세까지 살아도 집값을 다 받지 못하고 사망한다니 조금 아깝단 생각도 드실 겁니다.

하지만 내가 그 집에 계속 거주하는 가치를 더해보면 생각이 달라집니다. 사용 가치는 5억짜리 아파트의 월세 비용입니다. 월세를 150만 원으로 가정하면 30년 거주 시 총 5억 4,000입니다. 아까 60세 개시 90세 사망이면 주택연금 수령 총액이 3억 7,000만 원이니까 이 둘을 합치면 9억 1,000만 원이네요. 5억 원짜리 아파트에 30년 동안 살면서 9억의 가치를 누렸고 30년 후 집값이 9억 이상으로 오른다는 보장도 없고 보면 손해는 아니라는 생각이 듭니다.

주택연금 신청 전, 필수 체크

주택연금을 받으면 해당 주택에서 실거주해야 합니다. 실거주란 부부 중 최소한 한 사람은 해당 주택에 주민등록이 되어 있어야 하고 만약 부부 모두가 1년 이상 실거주하지 않으면 주택연금은 지급이 정지됩니다. 그럼, 주택연금을 신청하기 전에 놓치기 쉬운 주의 사항을 알아보겠습니다.

1. 담보주택을 임대할 수 있나요?

① 저당권 방식으로 주택연금을 받으면 내가 담보주택에 거주하면서 빈방은 보증금 없는 월세로 임대가 가능합니다.

② 신탁방식으로 주택연금을 받으면 내가 담보주택에 거주하면서 빈

방은 보증금 있는 전세와 월세 모두 가능하지만 주택금융공사의 동의 절차가 필요하고 보증금은 공사에 예치해야 합니다.

③ 요양병원·요양원 입소, 자녀의 봉양을 받기 위해 자녀 집으로 이사, 실버타운 입주 등 예외 사유로 승인을 받으면 주택연금을 수령하면서 빈집은 전체를 보증금 없는 월세로 임대하여 추가 소득도 얻을 수 있습니다. 저는 이 조항이 매우 유용하게 보입니다.

2. 주택 소유권을 뺏기는 건가?

① 신탁방식의 소유권은 주택공사나 유지관리 의무자는 가입자입니다.

② 주택을 공사에 신탁하더라도 가입자는 재산세, 종부세 등 납세의무가 있고 보유 주택 수, 주택 가액에도 합산됩니다.

③ 건강보험료 산정 시 담보주택은 가입자 재산으로 간주하여 포함하지만, 주택연금 수령액은 소득에 포함되지 않아 기초연금, 국민연금 수령에도 전혀 불이익이 없습니다.

3. 주택연금 수령 중 이사한다면?

이 부분을 잘 생각하셔야 합니다. 연금 수령 중 이사 가면 좀 복잡해지는데요, 변수는 담보주택과 이사 가는 집의 가격 차이입니다. 다음 표와 같이 담보가치가 같거나 더 비싼 집으로 이사를 가면 담보주택을 변경해도 문제가 없지만 담보주택보다 저렴한 집으로 이사를 가면 목돈을 상환해야 하는 문제가 생깁니다.

노후에는 아무래도 현금이 필요해서 더 저렴한 주택으로 이사 갈 확률이 높은데요, 추가로 목돈이 필요하다면 상당히 당황스럽겠죠. 담보 차액보다 보증 잔액이 많은 경우 발생한 차액 전액을 상환에 사용해야 하므로 자칫 이사를 못 할 수도 있습니다. 보통 연금 개시 후 25년 정도 지나면 대출이자 비용이 수령한 연금 누계액과 비슷해지기 때문에 보증 잔액이 생각보다 많습니다.

표에서 담보 차액이 그동안 받은 연금과 이자보다 작다면 차액 전부를 상환에 써야 하니 굳이 이사할 이유가 없습니다. 또 담보 차액이 더 크다면 보증 잔액을 전부 상환해야 하는데 연금 개시 6년 차에 보증 잔액이 집값의 20% 정도로 부담이 크니 저렴한 집으로 이사해도 남는 돈이 별로 없을 것입니다.

담보가치	월 지급금	비 고
기존 집 = 이사할 집	동일	
기존 집 < 이사할 집	증가	초기 보증료 추가 납부
기존 집 > 이사할 집 ·보증 잔액≥담보 차액 ·보증 잔액<담보 차액	동일 감소	담보 차액 전부로 보증 잔액 일부 상환 담보 차액 일부로 보증 잔액 전부 상환

* 보증 잔액: 수령한 연금과 비용(이자), 담보 차액: 주택 가격 차액

* 주택 가격 평가: 이사 시점의 부동산원 시가

앞서 주택연금에 발생하는 이자와 보증료는 사망 후에 정산하기 때문에 걱정하지 않아도 된다고 말씀드렸는데 중도에 더 저렴한 집으로 이사하면 중간에 정산할 비용 부담이 아주 큽니다. 제도를 보면 웬만하면 이사하지 말라는 뜻이네요. 그래서 주택연금을 받기로 결정했다면 평생 살기로 한 집으로 주택연금을 신청하는 편이 훨씬 유리합니다.

4. 주택연금과 이혼

이혼하면 배우자에게 주택연금이 승계되지 않습니다. 또 가입자가 주택연금 수령 중에 재혼했다면 본인 사망 시 재혼한 배우자에게 승계되지 않고 지급 종료됩니다. 즉 가입자가 주택연금을 받던 중 사망한 경우 주택연금을 이어받을 수 있는 배우자는 가입할 시점부터 계속하여 혼인 관계에 있는 배우자이며, 이혼하거나 재혼한 배우자에게는 지급되지 않습니다.

19년 받으면 보증 잔액이 집값을 초과한다

65세에 개시했다면 연금 수령 누계액은 35년 차인 99세에 집값만큼 모두 받습니다. 하지만 대출이자와 비용을 포함하면 19년 차인 83세에 보증 잔액(연금액+비용)이 집값을 초과합니다. 83세 이후에는 사망해도 잔여재산이 남지 않는다는 뜻입니다. 그 전에 사망하면 자녀에게 차액이 상속되지만 오래 사는 배우자가 90세를 넘긴다면 사망 후 남는 재산은 없을 것으로 보입니다.

연금과 비용 누계액 비교(집값 5억, 65세 개시, 대출이자 4.1% 가정)

(단위: 만 원)

수령 연차	1년	5년	10년	15년	20년	30년
(나이)	65	69	74	79	84	94
연금 누계	1,456	7,278	14,556	21,834	29,112	43,667
비용 누계	837	2,116	6,242	14,007	26,574	72,731
집값 대비	4.6%	18.8%	41.6%	71.7%	111%	232%

* 비용 누계: 대출이자+보증료(초기+연보증), 복리로 계산
* 집값 대비: 보증 잔액(연금+비용 누계)÷집값

연금 수령 19년 차에 보증 잔액이 집값을 초과하는 것은 주택연금에 대출이자와 보증료가 붙기 때문입니다. 모두 월 복리이므로 연금 수령 연차가 오래될수록 큰 폭으로 증가하죠. 하지만 이 비용은 부부 모두 사망한 후에 정산하기 때문에 내가 내야 하는 것은 아니니 걱정하지 않아도 됩니다.

[주택연금에 붙는 비용]
① 주택연금 대출이자: 월 복리로 가산

- 선택: CD금리+1.1% 또는 코픽스+0.85%

* 25. 1월: CD 2.99%(3개월 변동), 코픽스 3.22%(6개월 변동)

② 초기 보증료: 주택 가격의 1.5%(최초 1회) 월 복리 가산

③ 연 보증료: 보증 잔액의 연 0.75%(월할 부과) 월 복리 가산

※ 집값 올랐다고 주택연금 해지 주의!

집값이 올라 주택연금을 해지하면 받은 연금과 비용을 모두 상환해야 합니다. 연금 개시 12년 차에 이 보증 잔액이 집값의 50%를 초과하기 때문에 집값이 50% 올랐다고 해도 해지하면 배보다 배꼽이 더 커서 손해입니다(집값이 30% 올랐을 때는 8년).

주택연금 수령 방식을 잘 골라야

주택연금 수령 방식은 크게 종신형과 확정기간형이 있어요. 내가 평생 살아야 할 집이니만큼 확정기간형보다는 종신형을 선택하는 것이 합당합니다. 다음 표에서 정액형으로 받으면 누계 수령액이 가장 많은데 그 외에도 다양한 방식이 있습니다. 60대 10년간 다른 연금과 현금 흐름을 고려하여 어떤 방식이 적합한지 선택하면 됩니다.

① 정액형은 개시 시점에 정해진 연금액을 평생 동일하게 받는 방식입

니다. 주택 가격 5억의 경우 매월 120만 원을 평생 수령하는데 90세까지 총 3억 7,000만 원, 95세까지 산다면 총 4억 4,000만 원을 받습니다.

② 표에는 없지만 정기증가형도 있는데요, 초기에는 정액형보다 적지만 3년마다 4.5%씩 증액해 주는 방식입니다.

③ 초기증액형은 개시 초기에는 많이, 이후는 적게 주는 방식입니다. 초기증액 5년, 7년, 10년형 등이 있으니 60~70대 현금 흐름과 건강, 수명을 고려하여 적합한 방식을 선택하면 됩니다.

④ 대출상환형은 인출 한도 내에서 일시에 상환하고 나머지를 연금으로 받는 방식입니다. 퇴직 시점에 대출이 없다면 가장 좋겠지만 담보대출이 남아 있다면 주택연금을 신청할지 말지 고민스럽습니다. 65세에 5억 주택을 신청하면 대출 상환용 인출 한도는 1억 1,200만 원~1억 9,800만 원입니다. 표에서 만약 대출이 1억 2,000만 원이라면 주택연금에서 전액 상환 후 평생 월 55만 원의 연금을 받을 수 있습니다. 그런데 대출이 1억 7,000만 원이면 상환 후 연금 지급액이 월 27만 원으로 대폭 줄어드네요.

어, 이상하죠? 담보 대출이 있다면 이제부터 잘 보세요.

여기서 대출상환형의 특이한 점을 발견할 수 있는데요, 대출금 차이는 조금인데 연금액은 절반 이상 크게 줄어든다는 것입니다. 그럼, 대출 1억 2,000만 원이 있는 5억짜리 집과 대출 없는 3억 8,000만 원짜리 집은 연금액이 얼마나 차이 날까요? 표에서 55만 원과 91만 원으로 대출

주택연금 수령 방식에 따른 연금액 비교(집값 5억, 65세 개시)

(만 원)	월 연금액	증액 후 월	90세 누계	95세 누계
정액형	120	-	3.7억	4.4억
초기증액 5년	153	107	3.1억	3.7억
초기증액 10년	141	99	3.3억	3.8억
대출상한 1.2억	55	-	1.7억	2.0억
대출상환 1.7억	27	-	0.8억	1.0억
3.8억 집, 정액형	91		2.8억	3.4억

없는 3억 8,000만 원 주택의 연금이 36만 원(65%)이나 더 받는다는 것을 알 수 있습니다.

따라서 주택연금의 관점에서 보면 담보 대출이 있는 집은 우선 팔아서 대출을 상환한 후에 남은 금액으로 집을 사서 주택연금을 신청하는 것이 훨씬 유리합니다.

⑤ 우대지급방식은 부부 중 한 명이 기초연금 수급권자이면서 부부 합산 2억 5,000만 원 미만 1주택 보유자라면 연금을 최대 20% 추가 지급하는 방식입니다. 만약 여기에 해당하는 분이라면 생활비가 부족할 가능성이 높고 혜택도 크니 더욱 적극적으로 주택연금을 고려하시기 바랍니다. 주택연금을 받으면 소득 증가로 혹시 기초연금에서 탈락하지 않을까 걱정하십니다. 그러나 주택연금은 역모기지 대출이기 때문

에 기초연금 자격 요건에서는 부채로 반영하여 소득이 줄어드니 오히려 유리합니다.

그래도 나는 주택연금 싫어

노후 준비가 충분치 않은 분들에게는 집 한 채가 최후의 해결책임을 말씀드렸습니다만 많은 어르신께서 주택연금 신청을 망설이는 것이 현실입니다. '자식에게 집 한 채는 남겨줘야지', '평생 고생고생해서 장만한 집인데 소유권을 넘겨주기 싫다', '신청하고 싶어도 자녀들 눈치가 부담스럽다', '차라리 담보 대출 받아 쓰는 것이 이익 아니냐' 등 여러 이유로 주택연금 신청을 꺼리는 것이죠.

2024년 10월 말 주택연금 수령자는 13만 3000명으로 우리나라 65세 이상 주택 소유자 402만 명의 3.2%에 불과합니다(60세 이상은 2.2%). 수급자 평균연령도 72세이니 생각보다 늦게 주택연금을 신청하는 것으로 보입니다. 월 평균 수령액은 122만 원이고 담보주택 평균 가격은 3.9억이네요. 물론 다른 노후 소득원이 충분하다면 주택연금은 필요 없겠으나 여기서 강조하는 것은 노후 준비가 충분하지 않을 때는 적극적으로 고려해 보라는 차원입니다.

제 회사 후배는 인천에 사는 부친께서 운전 일을 하셨는데 70세가 넘으니 단기 운전 자리도 들어오지 않는다고 합니다. 부모님께서 노후 소득원이 많지 않다는 사실을 잘 아는 후배는 주택연금을 받으시라고 권유했는데 극구 거절하신다고 합니다. 나중에 혹시 재개발이라도 되면 자식들에게 도움이 될까 해서라네요. 부모님 말씀은 감사하지만 자식의 속마음은 다릅니다.

"저도 아이들 때문에 생활비가 빠듯한데 나중에 부모님 의료비까지 부담해야 한다면 사실은 큰 부담입니다."

"그렇지, 당신들이 번 돈 다 쓰고 가셔도 되는데 말이야."

"그러니까요. 주택연금 받아서 병원비도 하고 손주들 용돈도 좀 주시면 좋잖아요. 솔직히 오래된 주택 그거 제가 받아서 뭐 하겠습니까."

"그래서 일본에서는 노노(老老) 상속이 문제라잖아. 돌아가실 때 집을 물려주려니 자식이 벌써 60세라는 거지. 예전에 평균수명이 70세일 때나 맞는 얘기야."

"부모님은 당장 현금이 필요한데 재개발은 언제일지 모를 일이고 연세 더 드시면 제가 부양해야 하는데 참 걱정입니다."

"잘 설득해 봐, 평생 고생해서 모은 재산이 집 한 채인데 소유권이 넘어간다니 심리적으로 수용을 못 하실 수도 있으니까."

"아무튼 나중에라도 저 때문에 신청 못 하신 건 아니라고 못 박아 두렵니다."

자식들 눈치 때문에 주택연금 신청을 주저하는 어르신들도 많은데 이런 자식이 있으면 오히려 고맙죠. 소유권 걱정을 하신다면 저당권 방식은 소유권이 자신에게 있습니다. 소유권을 넘기는 신탁방식도 자신이 실질적인 소유자로서 거주 권리, 해지권, 납세의무도 있어 명의만 이전된 걸로 생각해도 됩니다.

그리고 담보 대출을 받아 생활하는 것이 낫다고 하시는 분들도 계신데요, 말씀드렸듯이 주택연금 이자는 내가 갚는 것이 아니라 사후에 정산하는 방식입니다. 대출을 받았다면 매월 대출이자를 갚아야 하고 금리의 변화에도 민감해질 수밖에 없습니다. 나이 들어서는 마음 편한 게 제일인데 꼬박꼬박 대출이자를 내야 한다면 불안할 수밖에 없잖아요. 또 본인 사망 시 연금 수령권의 배우자 승계 문제도 저당권 방식은 자녀의 동의가 필요하지만, 신탁방식은 자동 승계가 가능하니 사전에 이러한 차이점도 고려해서 신청하세요.

혹시 부모님께서 읍면 지역에 살고 계신다면 주택연금이나 농지연금이 매우 효과적입니다. 앞으로는 지방의 노후주택이 남아돌아 경제적 가치가 떨어질 가능성이 크기 때문이죠. 지금이라도 주택이나 농지를 담보로 하는 연금을 통해 최대한 현금화하는 것이 자녀들의 부양 부담을 덜 수 있는 길이 될 것입니다.

여기까지 주택연금의 장단점과 특징을 알아보았습니다. 물론 다른 소득이 많아 주택연금을 신청하지 않아도 되는 분들은 상관이 없지만 노후 현금 흐름이 부족한 분들은 자식들에게 물려줄 생각 하지 마시고 적

📑 주택연금 담보 제공 방식

① 저당권 방식: 주택 소유자가 소유권을 가지고 주택금융공사는 담보주택에 저당권을 설정하는 방식
② 신탁 방식: 주택을 주택금융공사에 신탁(소유권 이전)하고 공사는 우선수익권을 담보로 취득하는 방식

	저당권 방식	신탁 방식
담보 제공(소유권)	근저당권 설정(가입자)	신탁등기(주택금융공사)
가입자 사망 시 배우자 연금승계	소유권 이전등기	자동 승계
보증금 있는 일부 임대	불가능	가능

📑 주택연금 수령 방식

① 일반형: 평생 정액으로 연금 수령
② 담보 대출 상환형: 인출 한도 내 상환하고 나머지를 연금 수령

※ 주택 가격별 최대 인출 한도(24. 6월)

(억 원)	3억	5억	7억	9억	12억
60세	1.01	1.69	2.36	3.04	4.06
65세	1.19	1.98	2.77	3.57	4.76
70세	1.39	2.32	3.25	4.17	5.29

③ 우대형: 부부 합산 2억 5,000만 원 미만 1주택자이고, 1인 이상이 기초연금 수급자일 경우 최대 20% 추가 지급

📑 주택연금 수령 기간 종류

① 종신 지급: 정액형, 초기증액형, 정기증액형
② 확정 기간: 10~30년 5년 단위로 선택, 매월 동일 금액 지급

극적으로 고려하시기 바랍니다. 내가 번 돈 우리 부부가 모두 쓰고 간다는 생각으로 연금 받으면서 손주들 용돈도 주는 할아버지 할머니가 되어 좀 편안한 노후를 설계하셨으면 합니다.

주택연금 연간 누적 가입자 수

- 2024. 10월 기준 누적 가입자 13만 3,364명
- 2016년부터 신규 신청자 연간 1만 명대로 증가
- 2022년부터 신규 신청자 연간 약 1만 5,000명으로 증가세

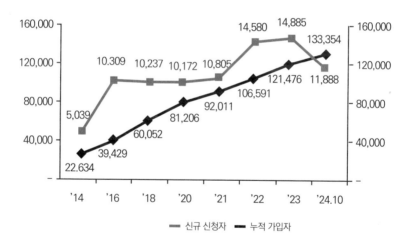

* 자료: 주택금융공사, 신규 신청자(누적 가입자 차이로 추산)

6장

....

기초연금:
몰라서 놓치면 나만 손해!

2025년은 만 65세인 1960년생(86만 명)이 기초연금 신청 대상입니다. 복지로 사이트(bokjiro.go.kr)에서 수급 자격을 확인하고 국민연금 앱에서 예상액을 조회할 수 있습니다. 작년에 탈락한 1959년생도 다시 신청해 보세요. 기초연금 감액보다 국민연금 많이 받는 것이 유리하다는 점도 잊지 마세요.

65세 이상 어르신, 70%가 받는다

기초연금은 65세 이상 어르신 중 소득 인정액이 선정 기준액 이하인 분들이 받는 제도입니다. 여기서 소득 인정액이란 소득 평가액에다 재산을 소득으로 환산해서 더한 값입니다. 2025년도 선정 기준액 단독가구 월 228만 원, 부부가구 월 364만 8,000원을 넘지 않으면 기초연금을 받을 수 있습니다.

2025년 기초연금 지급액은 단독가구는 최대 월 342,510원이고 부부가구는 20% 할인하여 월 548,000원입니다. 기초연금은 신청주의로 본인이 신청해야 받을 수 있습니다. 만 65세 생일이 속하는 달의 1개월 전부터 신청할 수 있고 이미 65세가 지난 분들은 언제든지 신청하면 됩니다. 신청은 행정복지센터, 국민연금공단 지사, 복지로에서 온라인으로 하셔도 됩니다.

2024년은 1959년생(78만 명)이 만 65세로 기초연금 대상이었고 2025년은 1960년생(86만 명)이 새롭게 대상으로 편입됩니다. 매년 선정 기준액을 소득 인정액의 70% 정도인 '비율'로 정하기 때문에 편입되는 인구가 많아지면 해당될 가능성도 높아집니다. 혹시 작년에 행정복지센터에서 대상이 안 된다고 했더라도 올해 또 신청해 보시기 바랍니다.

나도 기초연금 받을 수 있다

소득 인정액은 소득 평가액과 재산을 소득으로 환산하여 산출합니다.
  ① 소득 평가액 = (근로소득 − 112만 원) × 70% + 기타소득*
  * 임대, 기타 사업, 이자, 연금, 공적연금(국민연금 등), 무료 임차소득
  ② 재산 환산액 = [{(일반재산−공제)+(금융재산−2천만)−부채} × 4% ÷ 12] +

소득 인정액 계산 = 소득 평가액 + 재산 환산액

① 소득 평가액
- 계산식: (근로소득 - 112만 원) × 70% + 기타소득
- 근로소득: 일용근로/공공일자리/자활근로소득은 제외
- 사업소득: 임대소득, 기타 사업소득
- 재산소득: 이자, 배당, 연금(공적연금, 사적연금)
- 무료 임차소득: 자녀 집(시가표준 6억 이상)에 주민등록 한 경우

※ 시가표준액(시가의 약 65%)

시가표준액	6억	7억	8억	10억	15억
소득 인정	39만 원	45.5	52	65	97.5

② 재산 환산액
- 계산식: [{(일반재산-공제)+(금융재산-2천만)-부채} ×4% ÷ 12] + (고급자동차+회원권)가액
- 일반재산: 주택/토지/건물 시가표준액, 임차보증금(전월세, 상가)

지역	공제액
특별시, 광역시, 특례시	1억 3,500만 원
중소도시(시)	8,500만 원
농어촌(군 이하)	7,250만 원

- 금융재산: 예적금, 주식, 보험(해지환급금, 1년 이내 보험금)
- 부채: 대출금 100%, 임대보증금(2억→소득 18만 원), 주택연금/농지연금 누계수령액
- 자동차: 4천만 원 이상 전액 합산(10년 이상, 생업용 제외)
- 회원권 가액: 골프, 콘도, 요트, 승마 등 회원권 전액 합산

(고급 자동차+회원권) × 100%

근로소득은 공제 후 70%만 반영하므로 다른 소득이 없다면 단독가구
는 월 소득 437만 원, 부부가구는 633만 원까지 기초연금을 받을 수 있
습니다. 연금소득에서 국민연금과 개인연금은 전액 합산하고 주택연금
수령액은 제외합니다.

주택연금을 수령 중인 주택은 일반재산에 포함하는데 주택연금 수령
누계액을 부채로 반영합니다. 따라서 주택연금은 기초연금 선정 자격
에서 유리하게 작용합니다.

[시가 5억으로 주택연금 월 120만 원씩 2년간 받다 65세가 된 A씨]

= [(5억×65%-1.35억)-120만×24] × 4% ÷ 12 = 53.7만 원

*시가표준액 = 시가의 약 65%로 가정

재산에서 주택 같은 일반재산은 공제금액이 큰데 금융재산은 공제가
작고 재산과 소득(이자)에서 더블로 잡히는 단점이 있습니다. 그래서 기
초연금 수급 대상 선정 조건은 근로소득, 일반재산보다 연금이나 금융
소득 같은 현금성 자산이 많은 분들이 불리합니다.

국민연금은 전액 소득으로 잡히기 때문에 국민연금을 많이 받으면 기
초연금을 못 받거나 깎인다는 말이 있습니다. 하지만 위에서 본 바와 같
이 국민연금 외에도 다른 여러 요소가 영향을 주기 때문에 일률적으로

말하기는 곤란합니다. 개인의 소득과 재산에 따라 국민연금 월 100만 원도 기초연금에서 탈락할 수 있고 월 150만 원이 넘어도 수급 대상이 될 수 있습니다. 그럼, 아래와 같은 몇 가지 사례를 보고 기초연금 수급 대상의 수준을 가늠해 보시죠.

– 대도시 단독가구 사례

월 소득: 근로 150만, 이자&연금 30만, 국민연금 60만

재산: 아파트 시가 5억, 현금 5천만, 자동차 2천만

☞ 소득 인정액 190만 원: 단독가구 기준 228만 원 미만이므로 수급 대상

– 중소도시 부부가구 사례

월 소득: 본인 150만, 이자 20만, 국민연금 100만

재산: 아파트 시가 5억, 금융자산 1억, 자동차 2천만

☞ 소득 인정액 246만 원: 부부가구 기준 364만 원 미만이므로 수급 대상

– 대도시 부부가구 사례

월 소득: 본인 200만, 이자 30만, 국민연금 150만

재산: 아파트 시가 8억, 금융자산 1억, 자동차 2천만, 부채 1억

☞ 소득 인정액 351만 원, 부부가구 기준 364만 원 미만이므로 수급 대상

어떠신가요? 대도시 부부가구 사례처럼 중산층이라 생각되는 분들도

기초연금을 받을 수 있습니다. 수급 조건이 생각보다 아주 높지는 않다는 생각이 들죠?

소득 인정액 계산이 복잡해서 좀 어렵다구요? 좋은 방법이 있습니다. 바로 보건복지부 '복지로'에서 수급 대상이 되는지 확인할 수 있고 국민연금공단 홈페이지 '기초연금 모의 계산'에서는 자신의 기초연금 예상액을 입력하여 조회할 수 있습니다. 대상이 안 된다고 생각하는 분들도 입력해서 꼭 확인해 보세요.

국민연금 많이 받으면 기초연금 깎는다고?

국민연금을 받는다고 해서 기초연금이 무조건 감액되는 건 아닙니다. 2025년 기준으로 국민연금 월 수령액 513,760원까지는 감액이 없고, 장애연금과 유족연금 수급권자는 감액이 적용되지 않습니다.

국민연금 연계 감액 제도는 국민연금 수령액이 기초연금액의 150% 이상이고(513,760원) 본인 국민연금 A급여액이 기초연금액의 75%(256,880원) 이상인 경우에만 일정 금액을 감액합니다. 최대 감액 한도는 기초연금액의 50%인 171,250원입니다.

이는 아래의 산출식에 따른 것으로 국민연금 연계 감액 제도는 아래 두 가지 중 큰 금액을 기초연금으로 지급합니다.

① (기준연금액 − A급여×2/3) + 부가연금액

② (기준연금액 × 250%) − 국민연금급여액

· 기준연금액: 2025년도 342,510원

· A급여: 소득재분배급여금액, 국민연금에서 기초연금적 성격 부분

(개인마다 다르고 국민연금공단 홈페이지 개인민원에서 확인 가능)

· ①의 괄호 부분이 음수이면 '0'으로 처리

· 부가연금액: 기준연금액 ÷ 2

예를 들어보겠습니다. 국민연금 월 60만 원, A급여액이 30만 원인 분은 기초연금 감액이 얼마일까요?

① (342,510 − 300,000×2/3) + 171,250 = 313,760원

② (342,510 × 250%) − 600,000 = 256,270원

둘 중 큰 금액인 313,760원을 받으므로 감액은 28,750원입니다.

개인마다 편차가 있지만 자신의 국민연금 A급여액이 연금액의 50%라고 가정하면 기초연금 감액은 대략 다음과 같습니다.

국민연금 수령액 51만 원을 초과하더라도 초과된 금액에 비례하여 감액됩니다. 간혹 국민연금이 50만 원이 넘으면 기초연금이 안 나온다고 알고 계신 분들이 있는데 그렇지 않습니다. 표에서 보면 국민연금 추가 10만 원당 기초연금 약 3만 원이 감액됩니다. 기초연금이 깎인다고

국민연금 연계 감액표

국민연금액(월)	기초연금 감액	국민연금액(월)	기초연금 감액
~51만 원	없음	80만 원	~10만 원
60만 원	~3.3만 원	90만 원	~13만 원
70만 원	~6.6만 원	100만 원	~16만 원

* 주의: 개인별 A급여액에 따라 감액 금액은 다를 수 있음

국민연금 증액을 망설이는 분들이 있다면 생각보다 감액이 크지 않은 만큼 적극적으로 증액을 고려하시길 추천합니다.

다른 감액 두 가지

기초연금 수급 자격이 되면 2025년은 누구나 월 342,510원을 받습니다. 하지만 다음 세 가지 사유에 해당하면 순서대로 감액되는데 순서가 달라지면 결과가 많이 달라지기 때문에 순서가 중요합니다. 그리고 아무리 감액하더라도 최소 10%(34,250원)는 보장합니다.

① 국민연금 연계 감액(최대 342,510 × 50%까지 감액)

② 부부 연계 감액(각각 342,510 × 20% 감액)

③ 소득 역전 방지 감액(한도 없음)

국민연금 연계 감액은 앞서 설명드렸고, 두 번째 부부 연계 감액은 부부가 모두 기초연금을 받는 경우 각자의 기초연금액에서 20%씩 감액하는 제도입니다. 여기서 주의할 점은 부부 합산하여 감액하는 것이 아니라 각각 20% 감액하여 지급한다는 것입니다.

소득 역전 방지 감액은 소득이 선정 기준액을 살짝 넘겨 아쉽게 못 받는 사람보다 기초연금을 받는 사람이 오히려 소득이 많아지는 것을 막기 위한 제도입니다. 감액은 소득 인정액과 기초연금액을 합한 금액과 선정 기준액의 차이만큼 감액합니다.

여기 두 사람이 있습니다. A씨는 소득 인정액이 210만 원입니다. 2025년 단독가구 기준액(228만 원) 이하로 수급 자격이 되어 34만 2,000원을 받기 때문에 전체 소득은 244만 2,000원이 됩니다. 그런데 소득 인정액이 230만 원인 B씨는 기준액을 초과하여 기초연금 탈락입니다. 결과적으로 소득 인정액이 낮았던 A씨가 B씨보다 소득이 높아지는 이상한 결과가 나옵니다. 이런 불합리한 점을 보완하기 위해 A씨가 기초연금을 받아도 228만 원을 초과하지 못하도록 감액합니다. 즉 A씨는 기초연금으로 18만 원만 받아 16만 2,000원을 감액하는 것입니다.

부부가구 경우도 동일합니다. 먼저 부부 감액 20%를 한 후에 부부 합산 수령액이 부부가구 선정 기준인 364만 원을 넘으면 초과한 만큼 감액하여 지급합니다.

이상 세 가지 기초연금 감액 제도를 살펴보았습니다. 저의 상담 경험에 비추어 보면 기초연금 때문에 국민연금 증액을 망설이는 분들이 참 많습니다. 국민연금을 증액하면 유리한지 불리한지 개인에 따라 좀 다르겠지만 이 부분에 대한 고민이 크기 때문에 다음과 같은 예시를 통해 좀 더 살펴보겠습니다.

국민연금 증액에 따른 기초연금 사례 연구

사례 연구 1

부부 소득 인정액 250만 원으로 기초연금을 전액 받는 사례입니다.

소득 인정액	250만 원			290만 원		
(만 원)	남편	부인	계	남편	부인	계
기초연금 기준액	34.2	34.2	68	34.2	34.2	68
국민연금 수령	50	20	70	70	40	110
국민연금 감액	-	-	-	6.6	-	6.6
부부 감액	6.9	6.9	13.7	5.5	6.9	12.4
소득 역전 감액	0			간신히 '0'		
기초연금 지급	54.8			49.5		
총소득	250 + 54.8 = 304.8			290 + 49.5 = 339.5		

여기서 국민연금을 부부 각각 20만 원씩 총 40만 원을 증액해 보죠. 감액 삼총사를 반영해 보면 기초연금은 월 5만 원 줄어듭니다만 국민연금 증액으로 소득은 35만 원이나 늘어나니 증액이 훨씬 유리합니다.

사례 연구 2

부부 소득 인정액 300만 원으로 기초연금을 전액 받는 사례입니다. 사례 연구 1처럼 국민연금을 부부 각각 20만 원씩 증액하고 감액 삼총사를 반영해 보니 소득 역전 감액이 25만 5,000원 발생합니다. 이로써 기초연금은 월 30만 원이나 줄어드는 대신 총소득은 10만 원만 늘어 국민연금 증액 효과가 떨어집니다. 이 정도라면 국민연금 증액을 하지 않거나 증액에 들어간 비용의 상계 연수를 보고 판단해야 할 거 같습니다.

소득 인정액	300만 원			340만 원		
(만 원)	남편	부인	계	남편	부인	계
기초연금 기준액	34.2	34.2	68	34.2	34.2	68
국민연금 수령	50	20	70	70	40	110
국민연금 감액	-	-	-	6.6	-	6.6
부부 감액	6.9	6.9	13.7	5.5	6.9	12.4
소득 역전 감액	-			25.5		
기초연금 지급	54.8			24		
총소득	354.8			364		

위의 두 가지 사례를 종합해 보면

- 국민연금 증액 후에도 부부 소득 인정액이 364만 원을 넘지 않고
- 국민연금 증액 때문에 소득 역전 감액이 되지 않는다면
- 국민연금을 증액하여 소득을 늘리는 것이 유리합니다.

여기서 국민연금 증액 전 자신의 소득 인정액이 얼마인지가 매우 중요합니다. 만약 부부 소득 인정액이 364만 원에 근접한다면 국민연금 증액 후 소득 역전 감액이 커지니까 불리할 수 있습니다.

하지만 현재 소득 인정액이 [364만 원 – 국민연금 증액분] 이하면 국민연금 추납, 임의계속가입 등을 통해 증액하는 것이 유리해 보입니다. 특히, 기초연금을 받기 위해 소득을 줄이고자 국민연금 조기 수령을 선택했다가는 소탐대실할 수도 있으니 자신의 상황에 따라 잘 판단하시기 바랍니다.

정부의 기초연금 지급은 2020년 16.7조 원에서 2025년 26.1조 원으로 매년 2조 원 이상 증가 중입니다. 국민연금연구원의 추계에 의하면 2030년 40조, 2040년 78조, 2065년 217조 원으로 재정 부담이 늘어나 사실상 제도 수정이 불가피한 상황입니다. 국회 예산처는 70세 이상 지급으로 조정하면 연간 6.8조 원이 절감된다는 자료를 냈고, 소득 하위 70%를 거르는 행정비용 과다, 국민연금 연계 감액 폐지 주장 등이 지속해서 제기되고 있기 때문에 앞으로 기초연금제도의 변화가 있을 가능성이 매우 큽니다.

제가 국민연금 편에서 기초연금 감액을 걱정하지 말고 국민연금을 최대한 늘리자고 말씀드린 것도 기초연금 수급 기준은 언제든 변경될 수 있지만 국민연금은 납입할 때 수령액이 확정되기 때문입니다. 국민연금 때문에 기초연금 수급 대상에서 탈락하거나 수익비가 현저히 낮은 경우를 제외하고는 종신토록 지급이 확정되는 국민연금을 증액하시길 다시 한번 강조드립니다.

제2부 체크리스트

 국민연금

공단 지사 방문 또는 국민연금 애플 다운로드하기
반환일시금이 있는지 확인하고 반납하기
추후 납부 가능 기간을 확인하고 상계 연수 10년 미만이면 납부하기
남자는 군대 복무 기간 추후 납부하기
60세에 임의계속가입 신청하기(상계 연수 확인)
조기연금은 최대한 자제하기
다른 소득으로 버티고 국민연금 수령은 2~3년 연기하기
자녀가 성인이 되면 국민연금 가입해 주기

 주택연금

노후 자금이 부족하면 과감히 신청하기
나이 적은 배우자 기준 60~65세에 신청하기
담보 대출 있다면 평수 줄여 대출 없앤 집으로 신청하기
생애 마지막 집으로 이사한 후에 신청하기
실버타운, 요양원으로 이주하면 주택연금 집은 월세 받기

 기초연금

65세 생일 전월에 행정복지센터에 신청하기
작년에 떨어졌어도 올해 다시 신청하기
국민연금 얼마 늘리면 기초연금 얼마 깎이는지 확인하기
수급 자격은 복지로(bokjiro.go.kr)에서 확인하기
예상액은 국민연금공단 홈페이지 '기초연금 모의 계산'에서 확인하기

3부

평범한 사람도
따라 할 수 있는
노후 연금 비법 2

자신의 형편에 따라 준비할 수 있는 퇴직연금과 개인연금저축 활용법입니다. 재직 중에 어떻게 퇴직금을 키우고 관리할지, 나에게 맞는 연금수령 방법과 세금까지 정리해 드립니다. 개인연금저축은 50대에게 가장 현실적인 IRP 활용 노하우, 퇴직 후 인출 전략, 절세 활용법까지 꼼꼼하게 살펴보겠습니다. 건강보험은 예비 은퇴자들의 주된 관심사입니다. 자녀 밑으로 가는 피부양자 되는 법, 건보료 줄이는 팁을 소개할게요.

7장

....

퇴직연금:
목돈 굴리기, 절세 비법 총정리

월급쟁이 직장인에게 마지막 남은 목돈이 퇴직금입니다. 국민연금 나오기 전후 소득 공백기에 유용하게 사용될 자금이죠. 재직 중 퇴직금 키우는 방법과 절세 인출 노하우를 알아봅니다.

퇴직금제도의 종류

「근로자퇴직급여보장법」 제4조에서 사용자는 세 가지 퇴직급여제도 중 하나 이상의 제도를 설정해야 합니다. 그것은 퇴직금제도, 퇴직연금 DB, 퇴직연금 DC제도입니다(10인 이하 사업장의 기업형 IRP제도는 논외로 합니다).

① 퇴직금제는 직원의 퇴직금을 회사가 가지고 있다가 퇴직하면 법에서 정한 계산식으로 회사가 지급하는 제도입니다. 대체로 기업은 직원들의 퇴직금을 장부상 계상할 뿐 전액을 현금(예금)으로 가지고 있지는 않습니다. 간혹 회사가 부도나서 퇴직금을 받지 못했다는 기사가 나오는데 바로 이런 이유입니다.

② 퇴직연금 DB제도의 퇴직금 계산식은 퇴직금제와 같지만 적립 방식이 다릅니다. DB제도는 전체 직원의 퇴직금 전액을(2022년부터 법정 최소 적립비율 100%) 외부 금융사에 예치합니다. 직원들은 안전하게 지급을 보장받을 수 있고 기업은 한번 금융사에 예치하면 다시 회사로는 인출할 수 없습니다. 적립금에서 생기는 수익이나 손실은 모두 회사가 가져가는 대신에 회사는 법정 퇴직금을 지급할 의무를 집니다.

DB제도 퇴직금 = 퇴직 전 3개월 평균임금 × 근속 연수

③ 퇴직연금 DC제도는 직원들의 퇴직금을 매년 중간정산해 지급한다고 생각하면 쉽습니다. 계속근로 1년당 30일분 이상의 평균임금을 퇴직금으로 하여 직원의 DC 계좌에 입금해 주고 회사의 의무는 종결됩니다. 직원은 매년 입금된 퇴직금을 자신이 직접 예금이나 펀드 등에 투자하고 그 이익과 손해는 모두 자기 몫입니다.

DC제도 퇴직금 = 매년 지급된 퇴직금 ± 운용 손익

이상 세 가지 퇴직급여제도 중 요즘에는 퇴직연금에 가입한 기업이 많습니다. 중견 대기업은 대체로 DB, DC제도를 둘 다 운영하고 특정 업종의 회사들은 DC만 운영하는 경우도 많습니다. DB와 DC 모두 운

퇴직급여제도의 종류와 특징

	퇴직금제	DB형	DC형
퇴직금 보관	사내	금융사	금융사
자금 운용	회사	회사	직원
손익 귀속	회사	회사	직원
퇴직금 산출	퇴직 시 평균임금 ×근속연수		매년 정산
재직 중 인출	일부 가능(*)	불가	일부 가능(*)

* 일부 가능 : 법정 요건 충족 시(아래 ②)

① 자산운용과 지급 의무

- 퇴직금제도: 회사가 자금을 운용하고 그 손익과 상관없이 회사는 퇴직자 발생 시 지급 의무를 짐

- DB형: 퇴직금제도와 동일하나, 자금을 금융사에 예치하여 지급 재원을 안전하게 보관

- DC형: 회사는 1년 치 퇴직금을 매년 지급하여 의무 완료, 직원은 자신이 투자하여 손익 책임을 지고 퇴직 시 인출

② 재직 중 퇴직금 중도 인출 법정 요건

- (무주택자) 주택 구입/전월세 보증금, (본인/부양가족의) 의료비(6개월 요양, 연봉의 12.5% 초과 시), 기타(파산, 회생, 천재지변)

영하는 회사에 입사하면 우선 DB제도에 가입시켰다가 본인이 희망하는 때에 DC로 전환할 기회를 주는 것이 일반적입니다.

나에게 유리한 퇴직연금 선택 기준

DC제도만 도입한 회사는 선택의 여지가 없지만 DB, DC제도를 모두 가지고 있는 회사는 언제 DC로 바꿔야 하는지가 매우 중요합니다. 전환하는 시기에 따라서 퇴직금 크기가 달라지기 때문이죠. 두 제도의 퇴직금 계산식을 보면 퇴직금 결정 변수가 서로 다른데 DB는 평균임금이고 DC는 운용 손익입니다. 즉 우리 회사 임금 인상률과 DC 수익률 중 어느 것이 높은지에 따라 퇴직금 크기가 달라지는 것이죠.

그럼, 나에게 유리한 퇴직연금은 DB일까요? DC일까요?

① 급여 인상률이냐 운용 수익률이냐

기본적으로 급여 인상률이 높으면 DB 퇴직금이 더 크고 운용 수익률이 높으면 DC 퇴직금이 더 큽니다. 보통 장기 근속하면서 승진 때 급여 인상률이 높은 회사는 DB가 유리하고, 잦은 이직 또는 급여 인상률이 낮은 회사는 DC가 유리합니다.

그런데 우리나라 DC 가입자의 최근 10년간 연환산 수익률은 2.26%로(2023년 말, 고용노동부) DB 급여 인상률의 복리 효과를 넘어서기 쉽지 않음을 알 수 있습니다. 저는 20~30대 젊은 직장인들은 되도록 DB를 유지하고, 50대 이후 급여 정점에서 DC로 변경하는 것을 추천합니다.

DB·DC 퇴직금 비교 예시

- 초봉 월 300만, 20년 근속, 5/10/15년 차에 승진(급여 20%씩 인상)

- 평년 급여 인상률 연 2.0%, DC 투자수익률 연 2.26% 가정

(만 원)	5년 차	10년 차	15년 차	20년 차
DB	1,624	4,288	8,494	14,957
DC	1,632	3,980	7,296	11,917
차이	8	308	1,198	3,039

② 임금피크제를 도입한 회사

요즘은 임금피크제를 시행하는 회사가 많습니다. 보통 55세나 58세 사이에 급여가 정점을 찍고 그 이후부터는 하락하는 제도입니다. 이 경우엔 급여가 가장 높을 때를 골라서 DC로 전환하는 것이 유리하겠죠. 이때는 '평균임금 × 근속 연수'로 퇴직금을 정산하여 목돈을 DC 계좌로 입금해 주고 그 이후는 매년 1년분의 퇴직금을 지급합니다.

③ 급전이 필요해요

재직 중이라도 법에서 정한 사유에 해당하면 퇴직금을 중도 인출할

수 있습니다. 무주택자의 주택 구입, 무주택자의 전월세 보증금, 본인이나 부양가족의 6개월 이상 의료비로 연봉의 12.5% 이상 사용, 개인파산, 회생절차 개시 등이 해당합니다. DB에서는 퇴직금 중도 인출이 불가능하므로 만약 DB제도에 가입되어 있다면 DC로 전환한 후에 인출할 수 있습니다. 이때 다시 DB로는 돌아가기는 어려우니 퇴직금을 사용한 후에는 매년 퇴직금을 정산받아 DC에서 자신이 운용해야 한다는 점을 고려하여 판단해야 합니다.

연령대별로는 어떤 퇴직금제도가 유리할까요? 40대 후반에서 50대는 향후 승진 기회나 급여 인상률을 예상해 보고 기회가 없다면 적정 시점에 DC로의 전환을 고려해야 합니다. 혹시 전환하기 전에 야근, 특근을 통해 평균임금을 올릴 수 있다면 퇴직금을 추가로 키울 수도 있습니다.

2030에서 40대 중반까지는 DB제도에 있으면서 꾸준한 자기 계발과 승진으로 몸값을 올리는 것이 우선이라고 말하고 싶습니다. 장기 수익률 측면에서 보더라도 개인의 DC 투자수익률이 DB 급여 인상률과 승진 효과를 이기기가 쉽지 않습니다. 다만 다니는 회사에 DC제도만 있다면 자기의 퇴직금 운용에 더욱 관심을 가져야겠죠. DC 퇴직금 운용 전략에 관해서는 앞으로 다룰 '연령대별 투자 방법'편 내용을 참고하세요.

투자의 시대, 퇴직금 투자의 함정

몇 해 전 지방 공기업에 퇴직연금 상담을 간 적이 있습니다. 보통 공기업은 58세에 임금피크제가 적용되기 때문에 그 전에 DC 전환을 마무리하고 자신이 직접 퇴직금을 운용합니다. 저는 59세 DC 가입 직원에게 예금과 펀드, ETF 같은 DC 투자상품을 소개하고 세부적인 노후 준비 방법에 대해 상담했습니다.

"선생님, 작년이 임금피크인데 DC 전환은 좀 더 일찍 하셨네요?"

"예, 주위 동료들이 DC 퇴직금 투자로 수익이 많이 났다고 자랑하길래 저도 좀 일찍 했습니다."

"그러셨군요, 코로나 때는 투자수익률이 좋았다가 요즘엔 좀 빠졌죠."

"그러게요, 영 시원치 않네요. 괜히 투자한 거 같기도 하고."

"아, 수익이 별로인 모양이죠? 내년이 퇴직이신데."

"어휴, 제가 이 회사를 30년 넘게 다녔는데 10년간은 퇴직금이 없어요."

"아니 그게 무슨 말씀이세요?"

"DC 수익률이 마이너스 20%가 넘어요. 10년 치 퇴직금이 사라진 거죠."

저는 잠시 당황해서 어떤 말씀을 드려야 할지 몰랐습니다.

"참 아쉽네요. 주식시장이 다시 회복하겠죠. 지금은 손실을 실현할 수는 없으니 일단 퇴직 전까지 보유하면서 기회를 보는 게 좋겠습니다."

이렇게 말씀드리고 포트폴리오를 추천해 드렸지만, 그분의 낙담하신

표정은 아직도 생생합니다.

코로나 시기 저금리와 유동성 증가, 부동산 상승으로 투자 환경이 개선되면서 서학개미로 대표되는 글로벌 투자의 시대가 온 것 같습니다. 해외주식 직접투자가 가능해지고 전기차나 AI 기술주가 성장을 주도하면서 미국 주식시장에 대한 관심도 어느 때보다 높습니다. 나만 뒤처질 수 없다는 조바심과 높은 투자수익을 기대하는 직장인들이 퇴직금을 활용한 투자에 관심을 보이고 있죠. 여러 금융 투자회사에서도 선진국 퇴직연금 시장 대비 우리는 쥐꼬리 수익률이라며 잠자고 있는 퇴직금을 깨우라는 식의 기사와 광고를 많이 합니다. 여러분 생각은 어떠신지요? 퇴직금 투자수익률이 높으면 과연 좋은 건가요?

아시다시피 높은 수익에는 그만큼의 위험과 변동성이 따르기 마련입니다. 과연 우리나라 자본시장이 선진국 수준의 성숙한 토대가 마련되어 있는지 의문입니다. 낮은 배당률, 돈 되는 상장사 쪼개기, 경직된 기업지배구조 등 과제가 많은 것도 사실이죠. 최근 정부에서 주주 가치 제고와 공정한 자본시장을 위한 밸류업 프로그램을 추진하는 것도 이런 맥락일 것입니다. 우리의 은퇴 세대가 조기 금융 교육을 받지도 못했고 투자 경험도 많지 않은데 노후 자금으로 써야 할 퇴직금마저 적극적으로 투자해야 할까요? 퇴직금은 여유 있는 투자 자산이 아니라 월급쟁이 노후의 마지막 보루이고 보면 좀 보수적인 접근이 필요하지 않나 생각합니다.

물론, 퇴직연금 투자에도 분산투자로 위험을 줄인 멀티인컴펀드, 나이에 따른 주식 비중을 자동으로 조절 해주는 TDF, 리츠나 우량 배당주를 기초자산으로 하는 배당 상품 등 상대적으로 안정적인 투자상품도 많이 있습니다. 하지만 이러한 상품도 글로벌 경제지표의 영향을 받을 수밖에 없고 나의 퇴직 시점에 수익률이 양호할지 예측하기 어렵습니다.

또, 개별 상품은 리스크가 커 주가지수에 투자하는 방법도 있는데 미국 S&P500, 나스닥 지수에 장기 투자하면 거의 손해가 없고 수익률도 좋다며 우상향하는 그래프를 보여줍니다. 하지만 장기 이동평균은 우상향이어도 그래프의 기간을 좁혀서 보면 수많은 업다운이 반복됩니다. 그래프에는 보이지 않는 시간 속에 흔들리는 마음, 현금이 필요한 현실, 매매 유혹을 모두 견딘 후에 편안한 마음으로 돌아보니 결과적으로 장기 우상향인 거죠.

하지만 우리의 인생이 어디 그러합니까. 많은 인생 사건에도 불구하고 꾸준히 장기 투자를 할 수 있는 평범한 투자자가 얼마나 있을까요? 삶의 희로애락 속에 눈물의 골짜기를 견디며 평정심으로 투자하기란 여간 어려운 것이 아닙니다. 인생은 멀리서 보면 희극이지만 가까이서 보면 비극이라는 말이 주가 그래프에도 통하지 않을까 합니다.

앞으로 우리 경제가 장기 저성장 국면에 진입할 가능성이 크고 그에 따른 저금리와 소득 감소, 자산가치 하락 등을 예상하면 투자의 중요성이 커진다는 것을 부정할 수는 없습니다. 하지만 일본은 1991년 3월 버블붕괴 후 전 고점을 회복하는 데 33년이 걸렸고, 미국 나스닥은 2000년 닷컴버블로 77% 하락한 이후 금융위기를 거쳐 14년이 지나서야 회복했습니다. 회복이 안 된 시점에서 퇴직해야 했던 일본인, 미국인들은 상당한 손실을 보았겠죠. 퇴직금이라는 자산은 시간의 제한이 있어 수익과 퇴직 시점이 일치해야 성과를 누릴 수 있습니다.

2008년 글로벌 금융위기와 코로나19 이후 15년 가까이 각국 정부는 양적완화로 대응하면서 자산시장의 거품을 키워왔습니다. 그 기간 우상향 그래프만 보았던 젊은 직장인들이 퇴직금 투자의 리스크를 간과하고 있는 건 아닌지 돌아보아야 할 때입니다.

저는 퇴직연금 상담을 할 때 20~30대는 최대한 DB를 유지하되 회사에 DC만 있다면 자신의 상황(업종, 급여 인상, 투자 성향)에 따라 장기적인 관점에서 투자상품에 접근하는 것도 나쁘지 않다고 권해드립니다. 반면에 50대 이후 노후를 준비해야 하는 분들은 퇴직금이 많든 적든 간에 이제는 어떻게 불릴까보다는 안전하게 관리해서 퇴직할 때 목돈으로 가져가시라고 권하고 있습니다.

📑 DC 퇴직금 투자 현황

① 적립금 운용: 원리금 보장형 선호
- DC는 원리금 보장형: 실적배당형 비중이 82 : 18
- DB는 회사가 책임져야 하므로 더욱 보수적 95 : 5

(조 원, %)	DB		DC		합계	
	금액	비중	금액	비중	금액	비중
합계	205	100	**101**	**100**	306	100
원리금 보장	195	95	**83**	**82**	278	91
실적배당	9	5	**18**	**18**	28	9

* 원리금 보장형(예금): 은행 예금, 보험사 이율 보증형, 증권사 ELB
* 실적배당형(투자): 원금 미보장 투자형 상품(펀드, ETF, TDF 등)

② 실적배당형은 집합투자증권(펀드)이 대부분
- 퇴직연금(IRP 포함) 실적배당 중 87%(42조)가 펀드에 투자
- 펀드 투자 최근 5년간 채권형 감소, 주식형 확대
· 2023년 채권형 41.4%, 주식형 50.3%

③ DC 퇴직금 장기 수익률 현황
- 실적배당형은 주식 시황 영향에 따른 수익률 변동이 크고
- 장기 수익률은 원리금과 실적형 차이가 축소됨

(%)	합계	실적배당형	원리금 보장형
2022년(1년)	-1.21%	-16.92%	1.94%
2023년(1년)	5.79	14.44	3.87
5년 평균	2.56	연 4.51	연 2.14
10년 평균	**2.26**	**연 2.84**	**연 2.13**

DC 퇴직금, 대표적인 투자상품

퇴직연금 DC에서 퇴직금을 운용하는 상품은 크게 원리금 보장형과 실적배당형이 있습니다. 원리금 보장형은 원금과 이자를 보장하는 상품이고 실적배당형은 원금이 보장되지 않는 투자형 상품입니다. 예금과 펀드의 차이라고 하면 쉽게 이해할 수 있겠네요. 퇴직연금 DC 투자는 안전자산*에 최소 30% 이상을 담아야 하는 규정이 있는데요, 여기서 안전자산은 예금이나 MMF, ETF(주식 비중 50% 미만), 적격 TDF** 등입니다.

* 퇴직연금 규정상 분류일 뿐 '실제로 안전하다'의 의미는 아닙니다. 예를 들어, 장기 채권 ETF는 금리에 따른 변동성이 주식 변동성을 초과할 수도 있어 주의가 필요합니다.

** 운용 기간 내내 주식 비중이 80%를 넘지 않고, 목표 시점 이후에는 주식 비중이 40%를 넘지 않는 TDF.

퇴직연금사업자로 인가를 받은 은행, 보험, 증권사가 자기 혹은 타사의 상품을 판매하는데 저축은행(예금)이나 자산운용사(펀드)는 퇴직연금사업자는 아니고 상품만 만들어 사업자에게 제공하는 구조입니다. 보험사는 계정 분리의 안전성 때문에 자기 상품과 타사 상품을 모두 판매할 수 있지만 은행과 증권사는 타사 상품만 판매할 수 있습니다.

상품 종류		은행	보험사	증권사
원리금 보장형	자기 상품	판매 ×	판매 ○	판매 ×
	타사 상품	판매 ○	판매 ○	판매 ○
실적배당형		판매 대행	판매 대행	판매 대행

① **원리금 보장형 대표 상품**

- 은행 정기예금 1년/2년/3년/5년 만기

- 보험사 GIC(이율 보증형) 1년/2년/3년/5년 만기

- 증권사 ELB(주가연계파생결합사채) 1년/2년/3년 만기

- 기타: 저축은행 정기예금 1년(은행별 5천만 원 이내로만 예치)

원금과 이자를 보장해 준다는 공통점이 있지만 「예금자보호법」(금융사별 5천만 원까지)은 은행, 보험사, 저축은행 상품만 해당이 되고 증권사 ELB는 대상이 아닙니다. 은행 정기예금은 신용도는 높으나 금리가 낮고, 증권사 ELB는 금리는 높은 편이지만 지정된 발행일까지 예약과 청약을 거쳐 매입할 수 있습니다. 저축은행 예금은 금리는 높은 편이지만 5천만 원 이하로 쪼개서 여러 회사에 넣어야 하고 신용등급도 높은 편은 아닙니다. 보험사 중에 최고 신용등급(AAA)이면서 금리가 높고 가입 한도도 없는 상품은 추천할 만합니다. 요즘 같은 금리 하락기에는 3년이나 5년 만기 장기 상품을 선택하는 전략도 좋겠네요.

퇴직연금 원리금 보장형 상품은 매달 한 번씩 금리를 공시합니다. 그래서 같은 달에 입금되면 날짜가 달라도 금리는 같습니다. 이렇게 입금된 돈은 그달 금리가 적용되어 만기까지 고정금리로 이자가 붙습니다. 만약 달이 바뀌거나 만기가 되어 재예치를 할 때에는 해당 월의 금리가 적용되겠죠.

ⓐ 회사는 DC 퇴직금을 매월 또는 연 1회 입금해 줍니다.

ⓑ 자기가 지정해 놓은 금융상품으로 DC 퇴직금이 입금됩니다.

ⓒ ⓑ에 있는 돈은 언제든 다른 금융상품으로 변경할 수 있습니다.

☞ 많이들 헷갈리는데 ⓑ와 ⓒ는 각각 지정해야 하고 언제든 바꿀 수도 있습니다. ⓒ를 하지 않으면 입금된 돈은 ⓑ에 계속 머물게 됩니다.

보통 처음 DC 계좌를 만들 때 ⓑ를 보통예금 같은 저금리 상품으로 지정해 놓고 변경하지 않는 분들이 많습니다. 그러면 ⓐ 입금액은 계속 ⓑ 저금리에서 방치되니 중간중간 체크를 해야 합니다.

요즘은 퇴직연금의 모든 업무를 휴대폰으로 처리할 수 있으니 자신의 퇴직연금 금융사 애플과 친해지세요. 또 원리금 보장형 상품은 만기 이전에 해지하거나 상품을 변경하면 이자를 다 받지 못합니다. 하지만 퇴직하면서 퇴직금을 찾을 때는 만기 이전이라도 손해 없이 약정된 이자를 모두 받습니다.

② 실적배당형 대표 상품

- **집합투자증권(펀드):** 우리가 흔히 알고 있는 주식형, 채권형, 혼합형 펀드가 있고 섹터별, 투자 대상국별 다양한 상품이 있습니다. 주식형은 보수(수수료)가 높은 편이고 사고파는 데 국내 펀드는 1주, 해외 펀드는 2주 이상 소요됩니다.

- **ETF(Exchange Traded Fund):** 상장지수펀드라고 합니다.

지수(예: 코스피, S&P500), 상품(예: 금, 원유), 테마(특정 종목) 등을 기초자산으로 묶어 주식시장에 상장하여 실시간으로 사고파는 펀드입니다.

최근에는 TDF를 ETF로 묶어서 상장한 종목도 있습니다. ETF는 펀드보다 대체로 보수(수수료)가 낮습니다.

- **TDF(Target Date Fund):** 은퇴 시기에 맞춰 주식 비중을 자동으로 조정해 주는 펀드입니다. 예를 들어 2050년 은퇴를 목표로 한다면 'TDF 2050'에 투자하고 초기에는 주식 비중을 높여 공격적인 자산 배분을 하다가 은퇴 시점에 가까워지면 채권 비율을 높이는 방식입니다.

실적배당형 상품은 퇴직연금사업자가 자산운용사의 금융상품을 판매만 대행하기 때문에 어느 금융사에서 투자해도 차이는 크지 않습니다. 그래서 투자상품에 대한 추천 능력이나 정기적인 수익률 관리, 전산 처리 편의성이 우수한 금융사를 선택하면 됩니다.

DC 퇴직금, 연령대별 투자 방법

① 50대의 퇴직금 운용

여러 번 강조한 것처럼 50대는 안정적인 퇴직금 관리가 원칙입니다. 50대는 보통 회사에서 관리층으로 업무 스트레스가 심한 만큼 퇴직금은 보수적으로 원리금 보장형에 넣어두고 잊어버리는 게 정신 건강에 좋습니다. 투자상품에 물려서 이중으로 스트레스받거나 손실을 회복하지 못한 채 퇴직하는 경우도 많이 보았습니다.

원리금 보장형은 월 단위로 금리를 공시하고 입금된 자금은 그달 금리로 만기까지 고정금리가 적용됩니다. 그러므로 금리 하락기에는 3년이나 5년 만기 같은 장기 상품이 유리하고 금리 상승기에는 1년 만기 단기상품이 유리합니다. 현재 미국과 한국의 기준금리는 인하 기조이니 당분간은 3년 만기 원리금 보장상품을 추천합니다. 신용등급이 AAA~AA급인 금융사의 높은 금리 상품을 고르면 되는데 대체로 보험사와 증권사의 금리가 높습니다. 또 금융사들의 수신 경쟁으로 연말, 연초에 반짝 높은 금리를 제시하는 경우가 많으니 연말로 만기를 맞추는 전략도 좋습니다.

그래도 투자를 해보고 싶다면 자금을 분산하는 것을 추천합니다. 임금피크 등으로 DB에서 DC로 전환할 때는 퇴직금 목돈이 들어오고 그다음 해부터는 1년분 퇴직금이 들어옵니다. 이 목돈은 원리금 보장형 상품에 넣어두고 매년 퇴직금은 실적배당형 상품에 적립식으로 투자해 보는 방법입니다.

실적배당형 투자상품은 TDF를 권해드립니다. 빈티지(타깃 만기)가 짧은 2030이나 2035를 고르면 됩니다. 여기서 숫자는 퇴직 예정 연도를 의미합니다. 타깃 만기에 맞춰 주식과 채권 비중을 알아서 리밸런싱하기 때문에 안정적 투자가 가능하죠. 50대 초반이라면 발생한 수익을 2~3년에 한 번씩 원리금 보장형으로 옮기는 것도 권장할 만합니다.

② 40대의 퇴직금 운용

40대 초중반까지는 퇴직금을 되도록 DB제도에 두는 것을 추천해 드렸죠? 그런데 주택 구입 같은 법정 사유로 중도에 인출했다면 이제는 DC에서 퇴직금을 관리해야 합니다. 퇴직까지 아직 시간이 많이 남아 있기 때문에 중장기적 관점에서 퇴직금 운용계획을 세우되 너무 잦은 상품 매매는 수익률과 정신 건강에 좋지 않습니다.

저는 인컴형 안전자산과 성장형 투자자산을 6 : 4 정도로 배분하는 전략을 추천합니다. 포트폴리오는 50대와 비슷한데요, 예금과 TDF에 각 50%씩 배분하면 TDF의 편입 자산 구조상 전체적으로 60%는 안정형 투자가 됩니다. TDF는 투자자의 은퇴 시점에 맞춰 주식과 채권의 비중을 자동으로 조절해 주는 연금펀드입니다. 40대는 퇴직이 20년 정도 남았으므로 TDF 2040이나 2045 정도가 적절합니다. 요즘에는 TDF를 묶어서 상장한 ETF도 있는데 매매도 수월하고 보수(수수료)도 낮아 인기가 있습니다.

대표적인 TDF 펀드의 투자 비중

　a) 삼성KODEX TDF 2040 액티브(433980): 주식 65.2%, 채권 34.8% (25.1.17 기준)
　b) 미래에셋전략배분 TDF2040 혼합자산: 주식 51.8%, 집합투자증권 28.8%, 유동성 11.5%, 채권 7.9% (24.12.18 기준)
　c) 키움TDF 2040 액티브(435540): 주식 69.4%, 채권 18.2%, 대체 5.4%, 유동성 7.0% (25.1.17 기준)

아시다시피 투자는 매수와 매도 타이밍이 매우 중요합니다. 퇴직연금 금융사에서 금리 전망과 주식 시황에 따른 투자 상담을 받아보시고 중장기 관점에서 매매 타이밍을 잡아가시기 바랍니다. 여기서 중요한 것은 퇴직금이 늘어나더라도 안전자산과 위험자산 비중을 6 : 4 밸런스로 지켜가는 것입니다. 3년 정도 주기로 투자수익을 점검하여 실현된 수익은 원금화하고 다시 6 : 4 재배분을 반복하면서 퇴직금을 키워나가길 바랍니다.

③ 2030 퇴직금 운용

2030은 접근 방법을 조금 달리해도 됩니다. 회사에 DB, DC제도가 모두 있다면 DB제도를 추천했습니다만, 재직 중인 회사가 DC만 있다면 장기적인 관점을 가져야 합니다. 2030 직장인은 퇴직금도 크지 않고 매월 또는 매년 퇴직금이 들어오므로 적립식 투자가 적합합니다.

예를 들면 배당인컴펀드나 TDF, 주가지수ETF, 단기채ETF와 같은 비교적 안정적인 투자 대상에 60% 이상 배정하고 공격적인 투자도 섹터 ETF, 주식형펀드 등으로 포트폴리오를 다각화할 필요가 있습니다. 「근로자퇴직급여보장법」에서 퇴직연금 투자는 위험자산(성장형 자산*)을 70% 이하로 해야 한다는 규정도 유의하세요.

* '위험자산'은 퇴직연금 규정상 분류일 뿐 안전자산(인컴형)보다는 변동성이 크다는 의미입니다. 실제 투자 시에는 인컴형 자산과 더불어 균형 잡힌 포트폴리오(6 : 4)를 중장기적으로 유지하는 것이 좋습니다.

3040 시기에 주택 구입 이벤트가 있으므로 퇴직금을 인출해야 한다면 한두 해 전부터 시황에 따른 환매 시기를 잘 판단해야 합니다. 최근 DC 퇴직금 투자로 인기가 많은 ETF는 주식처럼 수시로 매매가 가능하기 때문에 젊은 직장인들이 많이 투자하고 있습니다. 하지만 여유자금이 아닌 퇴직금 투자인 만큼 너무 잦은 매매 회전은 충동 투자나 비용 증가로 오히려 수익률 관리가 어려워질 수도 있습니다.

2030세대는 앞으로 회사를 몇 번 옮기더라도 퇴직금은 찾아 쓰지 말고 IRP 통장에 따박따박 모아가시기 바랍니다. IRP 계좌로 퇴직금을 받으면 세금도 함께 입금되어 이자수익이 늘고 운용 수익도 과세이연*되어 혜택이 큽니다. 이렇게 모은 퇴직금은 미래에 진짜 은퇴할 때 여러분을 지켜줄 든든한 노후 자금이 되어 있을 것입니다.

* 기업이 자금을 원활하게 운용할 수 있도록 기업 자산을 팔 때까지 세금 납부를 연기해 주는 제도.

퇴직금에 붙는 세금과 절세 방안

퇴직금에는 퇴직소득세가 부과되는데 퇴직금 크기와 상관없이 종합과세에 합산하지 않고 분류과세로 납세의무가 종결됩니다. 퇴직금은 의무적으로 IRP(개인형퇴직연금) 계좌로 받아야 하지만 예외적으로 55세 이상이거나 300만 원 미만이면 일반 계좌로도 수령이 가능합니다. 보통은 평생 퇴직금 받는 횟수가 몇 번 되지 않기 때문에 퇴직금에 연관된 세금은 잘 알기 어렵습니다. 하지만 퇴직금은 액수가 크고 잘만 활용하면 절세 혜택도 커지므로 꼭 알아야 할 절세 방법 3가지를 정리했습니다.

첫째, 퇴직금을 IRP 계좌로 수령하면 퇴직금과 세금이 모두 입금되기 때문에 세금에 붙는 이자도 이익입니다. 일반 계좌로 퇴직금을 받으면 세금 떼고 입금되므로 그만큼 손해겠죠. IRP 계좌에 있을 때는 세금이 없고 찾을 때 과세하는데 퇴직금 원금은 퇴직소득세, 운용 수익(이자)은 연금으로 받으면 연금소득세(5.5~3.3%)를 냅니다. 또 퇴직금 원금은

퇴직연금 DC 운용 예시

- 50대: DB 전환 목돈은 예금, 매년 퇴직금은 TDF로 분산
- 40대: 원리금 : 투자형을 5 : 5로 하되 TDF 빈티지를 2040형으로
- 30대: 주식형펀드(MSCI 선진국ETF), Global allocation이 중요

	예금	채권형 펀드	주식형 펀드	TDF	
				비중	빈티지
50대	80%	-	-	20%	2030
40대	50%	-	-	50%	2040
30대	-	20%	30%	50%	2060

* TDF 빈티지: 퇴직 연도를 의미, 클수록 주식 비중이 높음

퇴직연금 DC 실적배당형 수익률

(고용노동부, 퇴직연금 적립금 운용 현황)

	19년	20년	21년	22년	23년
1년	7.6%	13.2%	7.3%	-16.9%	14.4%
과거 5년	2.1%	4.2%	5.8%	0.6%	4.5%
과거 10년	3.5%	3.6%	4.4%	1.8%	2.8%

종합소득에서 제외되고 건강보험료도 붙지 않습니다.

둘째, 퇴직하는 회사에서 퇴직금 중간정산을 했더라도 최초 입사일 기준으로 '퇴직소득 세액 정산'을 하면 세금이 많이 줄어듭니다. 이 세액 정산은 회사의 의무 사항이 아니므로 자기가 챙겨야 합니다. '중간정산 퇴직소득원천징수 영수증'이 필요한데 회사에 없으면 관할 세무서에서 발급받아 자기가 DB제도에서 퇴직하면 회사에, DC제도에서 퇴직하면 금융사에 제출하면 됩니다.

세액 정산은 최초 입사일부터 전체 근속 기간에 대한 퇴직금과 세금을 산출한 후 중간정산 시 납부한 세금을 빼는 방식으로 산출합니다. 근속 기간이 길어져 세금이 상당히 많이 줄어듭니다. 특히 퇴직위로금을 받거나 임원으로 퇴직해 퇴직금이 클수록 절세 효과가 아주 좋습니다. 많은 분들이 이 사실을 모르고 그냥 퇴직금을 받아가는데 퇴직 시 회사에 꼭 확인하세요.

셋째, 퇴직금을 IRP에서 연금으로 수령하면 퇴직소득세를 할인해 줍니다. 연금 수령 기간 10년 이내는 퇴직소득세의 30%, 10년 이상은 40%를 할인해 주니 세율이 높은 분들은 적극적으로 활용하셔야 합니다. 이때 세금을 할인해 주는 연간 한도가 있습니다. 그 한도 내에서 연금으로 수령하면 퇴직소득세의 30~40%를 할인하고 초과하여 인출하는 금액은 전액 과세합니다. 이 부분은 사례에 따라 다소 복잡하니 연금으로 인출 시 한도 금액을 금융사에 문의하시기 바랍니다.

중간정산 포함 퇴직세액 통산 효과

*최초 입사일로 근속연수 반영, 중간정산과 합산하여 세금 정산

사례 1. 중간정산 1회 하고 퇴직

- 1994년 입사, 2004년 중간정산: 퇴직금 4천만 원, 세금 100만 원
- 2024년 완전 퇴직: 퇴직금+명퇴금 2억

	세액 정산 실시	세액 정산 미실시	차이
퇴직소득세	452만 원	663만 원	**211만 원**
퇴직소득세율	2.26%	3.32%	

사례 2. 중간정산 2회 + 임원으로 퇴직

- 1994년 입사, 2004년 중간정산: 퇴직금 4천만 원, 세금 100만 원
- 2018년 임원 승진: 퇴직금 1억 1,000만 원, 세금 300만 원
- 2024년 임원으로 퇴직: 퇴직금 1억 5,000만 원

	세액 정산 실시	세액 정산 미실시	차이
퇴직소득세	547만 원	1,688만 원	**1,141만 원**
퇴직소득세율	3.65%	11.26%	

※ 간혹, 세액 정산이 불리한 경우도(중간정산 퇴직금이 더 큰 경우 등) 있습니다.

퇴직금이 클수록, 근속 기간이 짧을수록 퇴직소득세 증가

(단위: 만 원)

퇴직금	근속 5년	10년	15년	20년	30년
5천만 원	235	74	33	0	0
1억	1,040	430	240	120	24
2억	3,246	1,787	1,056	702	345
3억	6,390	4,290	2,850	1,980	986
5억	12,300	9,800	7,650	5,850	3,234

연금으로 수령 시 퇴직소득세 할인 조건

① 55세 이후 연금 수령
② IRP로 퇴직금 전액 이체
③ 연간 세금 감면 한도 내에서 인출

- 연금 수령 1~10년간 세금의 30% 할인(11년 이후는 40%)
- 퇴직소득세를 할인해 주는 연간 인출 한도가 있음
 · 계산식: [퇴직금/(11-연금 수령 연차)] × 120%
 · 연차: 55세 이상 + IRP 가입 5년 경과(퇴직금 입금 시는 바로)
 → 두 가지 조건 모두 충족 시 1년 차
 * 단, 2013. 3월 이전 DB에 가입했다면 6년 차로 한도 커짐, DC 가입 5년
  경과 + 55세가 되면 6년 차 시작
  (세부 사례는 '개인연금'편을 참고하세요.)

나에게 맞는 퇴직금 인출 방식

지난해 중견제조업체 사장까지 역임하고 60대 중반에 퇴임하는 분께 퇴직금 상담을 한 적이 있습니다. 사원으로 입사하여 사장까지 40여 년간 파란만장했던 직장생활 노하우를 들으면서 저도 많이 배웠습니다. 사장님은 퇴직금도 크고 연세도 있어 사모님과 함께 나오셨더군요. 사실 퇴직금을 상담할 때 부부가 함께 오시는 경우가 많습니다.

"사장님, 퇴직금 사용 계획이 별도로 있으신지요?"

"글쎄요. 제가 2년간은 고문역으로 급여가 좀 나온다고 하니 당분간은 IRP 계좌에 넣어둘까 합니다."

"네, 그러시군요. 그럼 한 2년간은 퇴직금을 운용하셔야 하는데 IRP에는 예금, 펀드, ETF와 같은 다양한 투자 방법이 있습니다."

"아이고 우리 나이에 투자는 무슨 투자입니까. 그러다 원금 깨지면 노후에 타격이 크죠. 그냥 있는 거 잘 지켰다가 나중에 연금으로 받으렵니다."

옆에 계신 사모님도 만족하는 표정입니다.

"예, 맞는 말씀입니다. 고문역 기간까지 고려하면 3년 만기 예금이 좋겠습니다. 이 금융사는 최고 신용등급(AAA)이고, 금리도 업계 최상단입니다. 그리고 금리 하락기에는 장기 상품이 유리하니까요."

"네, 좋습니다. 그럼 3년 후에 연금으로 받을 땐 얼마나 주나요?"

"연금으로 받는 방식은 크게 두 가지입니다. 퇴직금을 직접 운용하면서 금액은 자유롭게 인출하는 방식이 있고 아니면 금융사가 알아서 운용해 주고 매월 정액으로 받는 방식이 있습니다."

"제가 60대 후반에 받기 시작할 건데 그 나이에 어떻게 직접 운용하겠습니까? 신경 쓰기도 싫고 자신도 없으니 금융사가 알아서 운용하고 월급처럼 꼬박꼬박 연금이 나오면 좋겠습니다."

이처럼 퇴직금 운용과 인출은 자신의 성향이나 자금 계획에 따라 다를 수밖에 없습니다만 되도록 연금 수령 원칙을 잊지 마세요. 제가 상담한 분들은 대체로 10년 또는 15년 연금으로 선택합니다. 자녀 비용, 건강 상태, 소비 수준을 고려하여 국민연금이 나오기까지 소득 공백기 필요 자금으로 활용하는 것이죠.

퇴직금은 일시금으로 찾으면 퇴직소득세를 다 내야 하지만, 연금으로 수령하면 퇴직소득세를 감면해 줍니다. 연금 수령 10년 차까지는 30% 감면, 11년 차부터는 40%를 감면합니다. 여기서 주의할 점은 세금을 감면해 주는 매년 수령 한도 금액이 있다는 것입니다. 내가 찾고 싶은 만큼 찾을 수는 있지만 감면 한도를 넘긴 부분은 원래 세금을 다 내야 하는 것이죠. 보통 퇴직 1년 차에 세금이 감면되는 인출 한도는 퇴직금의 12%입니다(2013년 이전 퇴직연금 가입자는 24%).

혹시 55세 이후 퇴직하고 재취업 등으로 자금 여유가 있다면 퇴직금은 매월 1만 원이라도 연금을 개시하세요. 그러면 11년 차 이후에는 전액을 찾아도 퇴직소득세 40% 감면을 받을 수 있습니다. 요즘엔 퇴직금을 연금으로 수령하는 분들이 빠르게 늘고 있습니다. 고용노동부 2023년 말 통계에 따르면 전체 퇴직자 중 연금을 선택하는 사람은 10.4%에 불과하나 금액 기준으로는 49.7%(평균 퇴직금 1억 4,000만 원)로 거의 절반이 연금으로 지급되고 있습니다.

　이미 퇴직금을 연금으로 수령하는 것이 하나의 흐름으로 자리 잡았고 이러한 추세는 은퇴 세대의 인식 변화와 함께 계속 늘어날 것으로 보입니다.

퇴직금 인출 방식

① 전액을 일시금으로 찾더라도 나눠 달라고 하세요

- 55세 이상이고 퇴직금을 일시금으로 찾아야 하더라도
- 우선 IRP 계좌로 퇴직금을 수령하고 해당 금융사에
- 절세 한도까지는 연금으로 처리해 퇴직소득세 30% 절감하고
- 나머지는 세금 다 내고 인출하겠다고 하세요.

② 일부는 목돈으로 찾고 나머지는 연금 수령한다면

- 필요한 목돈이 크면 퇴직한 해 말에 절세 한도까지 먼저 찾고
- 다음 달(내년)에 가서 또 1년분을 찾으면 됩니다.
- 그다음 해부터 나머지를 연금 수령하여 퇴직소득세 30% 절감

③ 연금으로 수령하는 방법은 다양합니다

- 기간지정형: 5년에서 50년까지 1년 단위로 지정
- 종신연금형: 10/20/30년 보증 종신연금형(보험사만 가능)
  · 보증액을 정해놓고 보증기간 내에 사망해도 차액은 지급
- 정액형: 보험사에서 취급
  · 정해진 금액을 매월 지급하고 적립금은 공시이율로 부리
  · 직접 자산운용이 부담되는 고령자, 안정형에 적합
- 자유형: 모든 금융사에서 가능
  · 연금 액수와 수령 주기를 자신이 자유롭게 조절할 수 있음
  · 자신이 직접 자금 운용하며 예금과 투자(펀드, ETF 등) 모두 가능

※ IRP 계좌 수수료는 금융사마다 수수료 체계가 달라 사전 확인이 필요합니다(은행/보험사는 0.3% 내외, 증권사는 온라인 개설 시 면제).

퇴직금 연금 수령 증가

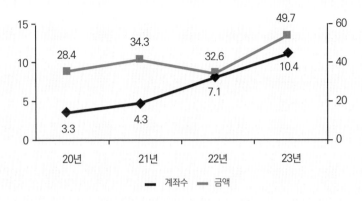

* 고용노동부 퇴직연금 통계(2023)

■ 계좌수 ■ 금액

1. 퇴직금을 연금으로 수령하는 비율

- 계좌수(수령자) 기준 2023년 10.4%가 연금으로 수령
- 금액 기준으로는 전체 퇴직금의 절반이 연금으로 지급됨

2. 퇴직금이 크면 연금으로 수령

- 일시금으로 받는 평균 퇴직금은 1,600만 원에 불과
- 연금으로 받는 평균 퇴직금은 1억 4,000만 원
- 퇴직금이 클수록 연금으로 수령하는 경향이 뚜렷

※ 2023년 말 유형별 퇴직금 수령 현황

(단위: 개, 억 원, %)

	연금 수령	비중	일시금 수령	비중	합 계	비중
계좌수	55,124개	10.4	474,540	89.6	529,664	100
금액	77,040억	49.7	78,063	50.3	155,103	100
계좌당	1.4억	-	0.16억	-	0.29억	-

참고 : 소상공인의 퇴직금 노란우산공제

「중소기업협동조합법」에 따라 운영되는 소기업·소상공인의 사업 재기나 퇴직금(목돈 마련)을 위한 제도입니다.

1. 부담금: 월 5만~100만 원까지(월납, 분기납)
2. 사업소득 금액에 따라 연간 최대 600만 원 소득공제

사업소득금액	소득공제 한도	예상 세율	절세 효과
~4천만 원	600만 원	6.6~16.5%	39만~99만
4천만~1억	400만 원	16.5~38.5%	66만~154만
1억~	200만 원	38.5~49.5%	77만~99만

* 사업소득금액: 필요경비 차감 후 금액

 - 과표 4천만 원 미만은 IRP가 유리, 이상은 노란우산공제가 유리
 - 소득공제 한도까지만 내고 나머지는 IRP/국민연금 추천
3. 목돈 마련 복리이자
 - 사업비 없이 부담금 전액에 복리이자 적용
  (예시) 이율 3.3%, 월 50만 원 20년 납부 = 1,670만 원
4. 수령 요건
 - 폐업, 60세 이상+10년 이상 납부
 - 질병 부상으로 6개월 이상 요양이 필요한 경우
 - 일시금 또는 기간(5/10/15/20년) 분할지급, 퇴직소득세 적용
 - 중도 해약 시 전액 기타소득세(16.5%) 부과, 약정이자 손해
 - 공제금은 압류가 금지되는 '행복지킴이통장'으로 수령 가능
5. 공제계약 담보 대출
 - 납입액의 90% 한도, 1년, 대출금리 3.9%(25. 1월, 분기 변동)
 - 입원/재해/회생/파산의 경우 무이자(2천만 원 한도, 2년)

8장

....

연금저축:
안정적인 노후를 위한 마지막 티켓

개인연금은 어떻게 인출해야 유리할까?

50대에게 가장 적합한 연금저축 상품과 여윳돈 활용법, 절세를 포함해 풍성한 노후를 준비하는 방법을 알려드립니다.

개인연금, 뭔 종류가 이렇게 많아?

연세 있는 분들은 개인연금 하나쯤 가지고 계신 분들이 많습니다. 요즘엔 덜하지만 예전에는 신입으로 입사하면 연금보험은 기본으로 가입하던 때가 있었죠. 저도 1990년대 입사하자마자 연금보험을 두 개 가입했는데 처음에는 부담이 컸지만 없는 셈치고 자동이체로 계속 부었더니 지금은 마음 한구석이 든든합니다. 연금보험은 사업비도 있고 저금리인 단점도 있지만 중도에 해지하면 손해가 크기 때문에 비자발적으로라도 꾸준히 적립할 수 있어 결국 노후에는 이 녀석만 남았습니다.

작년에 정년퇴직한 지인은 1990년대 후반에 가입한 모 생명보험사의 연금보험에서 낸 돈의 5배나 나온다면서 좋아하시더군요. 1994년부터 2000년까지 판매되었던 개인연금보험은 지금 봐도 참 좋은 상품이 많습니다. 당시에 적용된 경험생명표*도 요즘보다 훨씬 유리하니 혹시 가지고 계시면 잘 유지했다가 연금으로 수령하세요.

* 보험개발원이 3~5년마다 내놓은 통계를 바탕으로 보험회사에서 보험료를 책정하기 위하여 성별과 연령별 사망률을 작성한 표.

연금저축 계좌: IRP(개인퇴직연금), 연금저축보험, 연금저축펀드

연말정산 때 세액공제 해주는 효자 상품들인데 많이들 알고 계시죠? 세 가지 상품 합산해서 연간 1,800만 원까지 납입할 수 있고 그중 900만 원(연금저축은 600만 원)은 세액공제를 해줍니다. 연말정산 할 때 연간 소득 5,500만 원 이하면 16.5%(148만 원), 5,500만 원 이상은 13.2%(118만 원)를 돌려받습니다. 연 900만 원을 초과하여 세액공제를 받지 못한 원금은 나중에 인출 시 비과세 혜택이 있습니다. 세금 혜택이 훌륭하죠? 소득세를 많이 내는 직장인이나 사업소득자가 절세와

개인연금의 종류와 특징

1. 구)개인연금
- 1994. 6월~2000. 12월 판매, 비과세상품
- 납입한도: 전 금융사 합산 분기당 300만 원 이내
- 소득공제: 연 납입액의 40%(단, 연간 72만 원까지)
- 비과세 요건: 적립 기간 10년 + 55세, 5년 이상 수령

2. 구)연금저축
- 연금저축신탁(은행), 연금저축보험(보험), 연금저축펀드(증권), IRP(금융사별 1개)
- 2001. 1월~2013. 2월 판매
- 소득공제 → 세액공제(2014년 이후)
- 연금소득세 요건: 적립 기간 10년 + 55세, 5년 이상 수령

3. 연금저축 계좌
- 13. 3월~현재: 상품/세액공제는 구)연금저축과 동일
- 연금소득세 요건: 적립 기간 5년 + 55세, 10년 이상 수령

4. 비과세연금보험
- 세액공제는 없으나 연금 수령 시 비과세
- 월납비과세: 매월 균등한 보험료를 5년 납입, 10년 유지 조건
  · 월 보험료 150만 원 이내, 선납은 6개월 이내
- 일시납비과세: 한도 1억(17. 4월~), 10년 이상 유지 조건
- 종신형비과세: 55세 이후 종신연금으로 수령하는 연금 계약
- 즉시연금비과세: (13. 2. 15일~) 종신형이고 일시납 1억 이하

노후를 함께 준비할 수 있는 좋은 상품입니다.

IRP 계좌는 금융사(은행, 보험, 증권사)마다 한 개씩 만들 수 있는데요, 소득이 있는 분들만 개설이 가능합니다. 여기에는 퇴직금을 받을 수도 있고 내 돈을 납입할 수도 있습니다. 세액공제 한도는 IRP 단독으로 연 900만 원입니다. 언제든 내고 싶을 때 내면 되고 적립금은 자기가 직접 운용합니다. 개인의 투자 성향에 따라 여러 금융사의 예금, 펀드, ETF 등을 선택할 수 있는 유연성이 있는데 주식형펀드 같은 위험자산에는 전체 적립금의 70%까지만 투자할 수 있습니다.

연금저축보험은 보험사의 세액공제 상품인데요, 연간 세액공제 납입한도는 600만 원입니다. 보통은 매월 정액으로 납부해야 하고 적립금은 보험사에서 공시이율로 굴려줍니다. 요즘 공시이율은 2%대 중반이고 보험 사업비가 발생하며 중도해지하면 원금 손해가 있을 수 있어요.

연금저축펀드는 증권사의 세액공제 상품인데요, IRP와 비슷한 구조이지만 해당 증권사의 상품만 선택할 수 있고 예금 같은 원리금 보장 상품은 없습니다. 대신 위험자산 투자 한도가 없어서 100%까지 가능합니다. 내고 싶을 때 내고 자기가 직접 운용해야 하고 온라인으로 가입하면 대부분 계좌관리 수수료가 없습니다. 은행에서 판매하던 연금저축신탁은 2018년 이후로는 판매하지 않고 있습니다.

퇴직 후 연금 인출 전략

요즘 부쩍 연금을 어떻게 수령하는 것이 좋은지 물어오는 분들이 많아졌습니다. 오랫동안 적립에만 열중했는데 이제 우리 사회도 인출기로 넘어가는 시점에 도착한 것이죠. 모으는 것도 중요하지만 어떻게 찾는가도 그만큼 중요한데요, 이번에는 현명한 연금 인출 전략에 대해 살펴보겠습니다.

일단 구)개인연금이나 비과세연금보험은 납입 단계에서 세액공제를 받지 않았기 때문에 수령할 때는 세금을 떼지 않습니다. 반면에 납입할 때 세액공제를 받았던 연금저축보험이나 IRP는 수령 시에 연금소득세를 뗍니다. 연금소득세는 수령하는 나이에 따라 55~69세는 5.5%, 70~79세는 4.5%, 80세 이후는 3.5%입니다. 굉장히 낮죠?

납입 단계에서 원금은 세액공제, 이자는 이자소득세(15.4%)도 떼지 않고 과세를 이연했다가 연금으로 받을 때 이보다 훨씬 낮은 세율로 과세하니 일석삼조입니다. 하지만 중도해지나 일시금 수령 또는 연금소득세 적용 한도를 넘긴 경우에는 인출금에 기타소득세(16.5%)를 내야 하니까 세액공제 받은 거보다 많이 토해낼 수 있죠. 따라서 세액공제 받았던 상품들은 되도록 해지하지 말고 연금으로 받아야 합니다.

한 가지 더 주의할 점은 사적연금 수령액이 연간 1,500만 원을 초과하면 연금소득 전액에 대하여 종합과세 또는 분리과세(16.5%) 중 하나를 선택해야 한다는 것입니다. 연간 1,500만 원에서 1원만 넘어도 전액에 대해 과세하니 부담이 큽니다. 월 125만 원인데 국민연금 나오기 전에 좀 더 받고 싶어도 절세를 위해서는 수령 금액과 기간을 조절해야겠네요. 사적연금이란 국민연금이나 퇴직연금을 제외하고 내가 납입한 연금저축 계좌의 원리금과 퇴직금 IRP에서 발생한 이자소득을 말합니다.

그래서 사적연금을 많이 넣으신 분들은 55세부터 연금을 개시하고 수령 기간을 길게 해서 연 1,500만 원 이하로 인출하는 것이 좋습니다. 또 사적연금에는 건강보험료가 부과되지 않습니다만 사실 「국민건강보험법」에는 부과 대상이라고 되어 있는데 공단에서 부과하지 않고 있을 뿐입니다. 감사원에서 사적연금에도 건보료 부과를 권고했다고 하니 언제 시행될지 모르는 일이죠. 그래서 연금저축은 55세에 바로 연금 개시를 하는 편이 낫다고 말씀드립니다.

연금저축과 IRP 연금 수령 시 과세

종류	원천징수	종합과세
① 퇴직금	퇴직소득세	해당 없음
② 세액공제 받지 않은 납입액	과세 제외	해당 없음
③ 세액공제 받은 납입액	연금소득세 (5.5~3.3%)	연 1,500만 원 초과 수령 시 종합소득합산 or 분리과세 선택
①②③에서 발생한 수익(이자)		

인출 전략 1

'퇴직연금'편에서 퇴직금은 되도록 IRP 계좌에 받으라고 말씀드렸습니다. 그런데 그동안 세액공제용으로 내 돈을 넣었던 IRP 계좌에 퇴직금을 받으면 여러 자금이 섞이겠죠.

① 퇴직금

② 세액공제 받은 원금

③ 세액공제 받지 않은 원금(연 900만 원 초과 납입분)

④ 위 세 가지에서 발생한 운용 수익(이자)

이 계좌에서 연금을 개시하면 금융사는 ③①②④ 순서로 지급하고 각각의 세금을 부과합니다. 앞서 연금저축 계좌(IRP, 연금저축보험/펀드)는 55세 이후 연금 개시를 추천했는데요, 퇴직금이 섞이면 조금 복잡해집니다. 만약 퇴직금을 연금으로 모두 받은 후에 ②④에서 월 125만 원 넘게 받으면 연간 1,500만 원 초과 수령으로 종합소득세 한도에 걸립니다. 그렇다고 생활비가 부족한데 일부러 125만 원 이하로 받을 수도 없죠.

또 세상 살다 보면 목돈이 필요할 수도 있는데 IRP는 연금 말고 일시금으로 찾으면 일부 인출은 안 되고 전액을 해지해야 합니다. 그럼 세액공제 받았던 금액은 기타소득세(16.5%)를 내야 하고 퇴직금은 퇴직소득세 감면 없이 전액 과세되는 문제가 생기겠죠.

그래서 퇴직금은 별도의 신규 IRP 계좌에 받고 세액공제용 IRP와 분리하는 것이 좋습니다. 우선 세액공제용 IRP에서 연간 1,500만 원 이하로 연금을 개시하고 추가로 필요한 자금은 퇴직금 IRP에서 연금으로 보충하는 방식을 추천합니다. 혹시 목돈이 필요하면 세액공제 IRP는 유지하고 퇴직금 IRP에서 세금 할인 한도를 초과하더라도 필요한 만큼만 연금으로 인출하면 됩니다. 그러면 연간 1,500만 원 종합소득세 한도 조절도 가능하고 퇴직소득세 감면도 손해가 적습니다.

인출 전략 2

연금저축보험(펀드), 퇴직금 IRP, 세액공제용 IRP를 모두 가지고 있는 경우에는 어떤 인출 전략이 좋을까요?

① 먼저 매월 연금이 얼마나 필요한지 결정합니다. 그리고 인출 순서를 정하는데 연금저축보험(펀드), 세액공제 IRP, 퇴직연금 IRP 순서로 인출 금액을 설정합니다.

② 연금저축보험은 내가 선택한 수령 기간에 따라 월 연금액이 달라집니다. 수령 기간을 늘리면 연금 지급액도 줄어들죠. 적립금이 5천만 원 내외라면 보통 10년 확정기간형 정도로 선택하면 됩니다. 연금저축펀드는 수령액을 내가 정할 수 있습니다.

③ 다음으로 세액공제용 IRP는 자신이 월 연금액을 정할 수 있으므로 종합과세 한도(월 125만 원)에서 ②수령액을 뺀 차액을 인출하면 됩니다.

④ 마지막으로 ①에서 정한 월 현금 흐름에서 ②③을 뺀 금액을 퇴직

연금으로 메꾸면 되는데 이때 퇴직소득세를 감면해 주는 연간 한도 이내로 받는 것이 좋습니다(다음 '절세되는 연금 수령 한도를 높이는 방법' 참조).

> ☞ **55세 이후에는 연금저축보험을 IRP로 이전하는 것도 가능한데요, 적립액이 크지 않거나 보수적 투자성향이라면 차이는 크지 않습니다.**
>
> - 보험은 보험사가 알아서 굴려서 공시이율로 이자를 주지만
> - IRP에서는 내가 직접 운용해 보험 공시이율보다 높은 수익도 가능하고 원금 손실 위험도 있다
> - 보험은 연금 개시 후에도 일부 수수료가 있다
> - 신규 개설한 IRP로 이전하면 보험의 가입 일자를 그대로 적용해 주기 때문에 절세되는 인출 한도에 손해가 없다

인출 전략 3

만약 재취업으로 소득이 있고 연금저축보험과 세액공제 IRP 적립액이 크다면 전략은 좀 달라집니다.

① 연금저축과 IRP를 월 125만 원 이내로 연금 개시하여 생활비로 먼저 사용합니다.

a) 재취업으로 연금이 필요 없더라도 일단 개시하는 것이 좋습니다.

만 원이라도 연금 개시를 하면 연금 수령 연차가 올라가기 때문에 5년 정도 후에는 연금소득세를 적용해 주는 인출 한도가 커져 목돈으로 인출할 수 있습니다.

b) 또는, 종합소득세 한도 이내로 연금을 수령하여 비과세 상품(ISA)에 적립하고 3년 만기 시 IRP로 이전하면 세액공제가 추가됩니다(다음 'ISA 풍차 돌리기' 내용 참조).

② 재취업 종료나 개인연금 소진으로 현금이 부족해지면 퇴직연금을 개시합니다. 퇴직연금은 퇴직금 원금이 먼저 나오고 원금이 소진되면 그동안 쌓인 이자에서 지급됩니다. 퇴직금 원금은 퇴직소득세로 과세 종결되므로 종합과세를 걱정하지 않아도 되지만 퇴직금에서 발생한 이자가 많다면 이 또한 월 125만 원 이내로 받아야 합니다.

③ 국민연금이 나오기 시작한 나이에도 다른 연금과 소득으로 생활이 가능하다면 국민연금은 연기연금을 신청하여 연기 1년당 7.2%의 평생 증액 효과를 누릴 수 있습니다. 연기하는 동안은 건강보험료에 반영될 게 없으니 당연히 이득입니다.

④ 비과세 혜택이 있는 구)개인연금보험, (세액공제 받지 않은) IRP는 비과세이므로 언제든 비상용으로 사용할 수 있습니다. 현금 흐름이 부족할 때 활용하면 됩니다. 사적연금은 현재 건강보험료에는 반영되지 않으니 걱정하지 않아도 됩니다.

절세되는 연금 수령 한도를 높이는 방법

여기서 심화학습 한번 할까요? 연금저축 계좌 상호 간 이전을 통해 절세되는 연금 수령 한도를 높이는 방법입니다. 우선 퇴직금에 대해 알아보겠습니다.

'퇴직연금'편에서 보았던 공식 기억나시죠? 계산식에서 분모의 '연금 수령 연차'를 높일 수 있다면 세금 감면받는 인출 한도가 커집니다. 55세 이후 퇴직 첫해는 1년 차이므로 퇴직금의 12%가 퇴직소득세를 절감할 수 있는 인출 한도입니다. 퇴직금이 1억이면 첫해 1,200만 원까지 인출해도 퇴직소득세를 30% 감면해 준다는 것이죠. 퇴직 2년 차는 적립액의 13.3%가 감면되는 인출 한도입니다.

퇴직소득세 감면(30%) 연간 인출 한도 = 퇴직금/(11-연차) × 120%

만약, 2013년 3월 이전에 가입한 연금저축(보험, 신탁, 펀드) 계좌가 있다면 얘기가 달라집니다. 연금 계좌 간에는 서로 이전을 할 수 있는데 이때 연금 수령 연차를 키울 수 있습니다. 당연히 세금 감면되는 인출 한도도 늘어나겠죠.

예를 들어 2013년 3월 이전에 가입한 연금저축을 새로 만든(이게 중요!) IRP로 옮기면 그 계좌는 수령 연차가 6년 차가 됩니다. 13년 3월 이전 연금저축은 연금 수령 요건이 5년(지금은 10년)이었기 때문입니다. 1년 차는 절세 인출 한도가 12%인데 6년 차면 24%니까 퇴직금 1억이면 2,400만 원까지는 세금을 감면받아서 인출할 수 있겠네요.

퇴직금을 IRP로 받아 일부는 일시금으로 찾고 남은 금액은 연금으로 받고자 할 때 이런 방법을 활용하면 좀 더 많은 일시금을 절세 한도 내에서 찾을 수 있습니다.

좀 복잡하시죠? 이를 정리해 보면

① 연금저축 계좌 간 이전은 이전받는 계좌의 가입일 적용이 원칙이지만

② 13년 3월 이전 계좌 → 새로 만든 IRP로 이전하면 6년 차로 인정

③ 13년 3월 이후 계좌는 13년 3월 이전 계좌로 이전은 안 됨

④ 인정 조건: 55세 이상, IRP 5년 이상(퇴직금 전액이 들어오면 무관)

※ 퇴직 전 퇴직연금 유형에 따른 연차 계산

- 13년 3월 이전에 퇴직연금 DB에 가입한 후(DC 전환 무관) 퇴직 시 전액을 신규 IRP로 이전하면 6년 차로 인정

- 5년 지난 DC/IRP 계좌는 55세부터 퇴직 상관없이 1년 차로 카운팅

여기서 헷갈린다고 하는 분들이 계신데요, 연금으로 인출하는 금액은 내가 자유롭게 정할 수는 있습니다. 다만 일정 한도를 넘기면 세금이 달

라진다는 뜻이죠. 절세되는 연간 연금 수령 한도는 내가 낸 연금저축 계좌(세액공제IRP, 연금저축보험/펀드)에서도 동일하게 적용됩니다.

만약 절세 한도를 초과하여 수령하면 한도 이내 분은 연금소득세, 초과분은 기타소득세 16.5%를 부과합니다. 수령 한도를 초과하고 연간 1,500만 원도 넘기면 전체에 대해 종합과세나 16.5% 분리과세 중 하나를 선택해야 합니다.

연금 상품 간 계좌 이전

→	구)개인연금	구)연금저축		신)연금저축	
		보험/펀드	IRP	보험/펀드	IRP
구)개인연금 (94년~00)	O	X		X	
구)연금저축 (01~13.2)	X	O	O	O	O
신)연금저축 (13.3~)		X	X	O	O

* 색깔 표시: 55세 이후+IRP 5년 경과(퇴직금 입금되면 무관) 조건

50대에게 IRP가 최고인 이유

50대 초중반이 되면 노후에 대한 관심과 걱정이 늘기 마련입니다. 뭔가 준비는 해야겠는데 이제 와서 연금보험을 든다는 것은 좀 늦은 것 같

고 그렇다고 즉시연금 같은 목돈을 적립할 여유는 더욱 없죠. 머릿속으로 노후 걱정은 하면서도 그저 현실에 충실할 수밖에 없는 것이 우리들 중장년의 모습입니다. 하지만 손 놓고 노후를 맞이하기엔 불안해서 뭐라도 준비하고 싶은 분들은 어떤 방법이 좋을까요.

저는 퇴직이 얼마 남지 않은 분들에게 IRP를 적극 추천합니다. 기업 상담을 가면 IRP와 같은 세액공제 상품을 가입하지 않은 50대가 의외로 많습니다. 아직도 IRP 계좌를 만들지 않은 분들은 은행이나 보험, 증권사에서 꼭 하나 개설하시길 바랍니다.

IRP가 중장년에게 가장 적합한 노후 준비 방법인 이유는 이렇습니다.

첫째, 자신의 자금 형편에 따라 내가 내고 싶을 때 내면 된다는 겁니다. 생활비도 빠듯한데 매달 정액을 납부하는 건 상당히 부담스럽죠. 회사에서 상여금이라도 받거나 연차 수당 같은 여윳돈이 생길 때 차곡차곡 적립하면 됩니다.

둘째, IRP는 세액공제 한도가 연간 900만 원으로 연금저축보험(600만 원)보다 높습니다. 연금저축보험이 있는 분들은 IRP에 300만 원을 추가 적립할 수 있죠. 50대는 대체로 소득이 가장 높은 시기이기 때문에 세금도 많이 내는데요, 이런 세액공제 상품을 활용하면 효과가 좋습니다.

셋째, 내가 직접 여러 금융사의 예금과 투자상품을 비교해서 고를 수 있습니다. IRP에서 판매되는 예금은 보통 시중보다 금리가 높고 다양한

[사례 연구] 연금 계좌 간 이전을 통해 수령 연차를 변경하여 퇴직소득세 절세 수령 한도를 높이는 방법

퇴직소득세 감면(30%) 수령 한도 = 평가액/(11-연차) × 120%
· 연차: 55세+DC/IRP 5년 경과(퇴직금 입금 시 무관)부터 1년 차
· 수령 한도 넘긴 인출분은 감면 없이 원래의 퇴직소득세로 과세
- 가정: 2025년 60세 퇴직, 퇴직금 2억(세금 1천만 원)을 아래 IRP 계좌로
  입금

[사례 1] **퇴직하면서 IRP 가입**

☞ 55세 넘었고 퇴직금 입금되었으므로 1년 차
· 2025년 감면 한도: 2억/(11-1) × 120% = 2,400만 원까지 찾아도
  퇴직소득세의 30%(36만 원) 감면
· 2026년 감면 한도: 1.76억/(11-2) × 120% = 2,346만 원까지 30% 감면

[사례 2] **2017년 연금저축보험 가입 → 2024년 IRP 신규계좌로 이전**

☞ (신규)IRP 계좌는 2017년 가입일을 승계
☞ 55세(2020년) + 가입 5년인 2022년이 1년 차 → 2025년은 4년 차
· 2025년 감면 한도: 2억/(11-4) ×120% = 3,428만 원까지 30% 감면

[사례 3] **2009년 연금저축보험 가입 → 2021년 IRP 신규계좌로 이전**

☞ (신규)IRP는 13. 3월 이전계좌 승계로 6년 차부터 시작
☞ IRP 5년 미만이나 퇴직금 입금되었으므로 2025년은 6년 차
· 2025년 감면 한도 : 2억/(11-6) × 120% = 4,800만 원까지 30% 감면

[사례 4] **2012년 퇴직연금 DB 가입, 2019년 DC로 전환, 퇴직 시 IRP 개설**

☞ IRP는 13. 3월 이전계좌 승계로 6년 차부터 시작
☞ 55세(2020년) + DC 5년인 2024년이 6년 차 → 2025년 퇴직은 7년 차
· 2025년 인출 한도 : 2억/(11-7) ×120% = 6천만 원까지 30% 감면
※ 13. 3월 이후 가입한 DC 퇴직금은 13. 3월 이전 IRP로 입금 안 됨

투자상품이 있으므로 자신의 성향에 따른 포트폴리오를 구성할 수 있죠.

넷째, 적립 중에 발생한 수익은 세금을 한 푼도 떼지 않고 굴리다가 연금 수령할 때 연금소득세(5.5~3.3%)로 저율 과세합니다. 계좌관리 수수료도 없거나 아주 적습니다.

마지막으로, 가입 5년이 경과하고 55세만 넘으면 연금 개시가 가능하다는 점입니다. 연금저축보험처럼 연금 개시까지 오래 기다리지 않아도 되니 자기의 노후 사이클에 유연하게 대응할 수 있습니다.

여윳돈의 선택 ① : IRP 추가 적립

혹시 여유가 좀 더 있다면 저는 IRP에 연간 900만 원을 초과하여 적립하시라고 말씀드립니다. IRP와 연금저축보험(펀드)은 합산 연 1,800만 원까지 적립할 수 있는데 그중에 900만 원만 세액공제를 해줍니다. 그런데 많은 분이 세액공제 한도에 딱 맞춰서 900만 원까지만 적립하고 남은 한도는 잘 활용하지 않습니다. 노후 준비는 부족한데 현재 소득이 조금 높아서 더 준비하고 싶은 분들은 이 한도를 활용하면 좋습니다. 그럼, IRP에 900만 원을 초과하여 적립하면 어떤 장점이 있는지 정리해 보겠습니다.

첫째, 초과 적립한 원금은 연금으로 받든 중간에 해지를 하든 모두 비과세입니다. 다만 이 자금은 별도의 IRP를 만들어서 따로 넣는 것이 좋습니다. IRP는 일부는 안 되고 전액 해지만 되기 때문에 혹시 급전이 필요하면 초과 적립용 IRP는 해지하고 세액공제용 IRP는 유지하면 됩니다. 하나의 IRP로 넣었다가 해지하면 세액공제 받은 적립금은 16.5% 기타소득세를 내야 하니까 손해가 크기 때문이죠.

둘째, 적립 단계에서 발생한 운용 수익(이자)은 과세이연되어 이자에 이자가 붙습니다. 중간에 해지하면 원금은 비과세, 이자는 기타소득세를 내면 되고 연금으로 수령하면 원금은 비과세, 이자는 연금소득세로 저율 과세합니다.

셋째, 연금 받을 때 종합소득 합산 기준인 연간 1,500만 원 한도에 포함되지 않습니다. 앞서 연금 인출 전략에서 종합소득세를 주의하여 인출하라고 말씀드렸는데 세액공제 받지 않은 이 자금을 활용하면 한도를 피하면서 자유롭게 현금 흐름을 보충할 수 있습니다.

여기서 잠깐! 사적연금 연간 1,500만 원을 초과 수령하면 종합소득세에 어느 정도 영향을 미치는지 볼까요? 이때는 초과분이 아니라 수령한 연금 전액이 종합과세로 넘어갑니다. 국민연금도 종합소득에 합산되니까 노후에 연금을 준비하는 분들에겐 중요한 이슈입니다.

① 다른 종합소득 없이 사적연금 한도를 조금 넘겨 연간 1,600만 원을 수령한 케이스입니다. 종합소득세는 45만 원으로 원천징수(연금소

득세 5.5%) 88만 원보다 적어 오히려 43만 원을 환급받을 수 있습니다.

② 사적연금 월 200만, 국민연금 월 150만 원을 받는다면 종합소득세는 373만 원입니다. 따로 냈을 때보다 211만 원을 더 내야 하니 부담이 아주 커지네요.

사적연금 1,500 초과 수령 시 종합과세 금액

- 사적연금(IRP, 연금저축) 월 200만, 국민연금 월 150만 원 수령
- 다른 종합과세 소득은 없음

	사적연금①	사적연금②	국민연금③	합산②+③
연간 수령액	1,600만 원	2,400	1,800	4,200
공제*	800	880	820	1,050
산출세액	48	228	59	473
공제**	7	133	7	133
결정세액***	45	105	57	373
세율	2.8%	4.4%	3.2%	8.9%

* 연금소득공제+인적공제 ** 누진공제+표준세액공제 *** 지방소득세 포함

여윳돈의 선택 ② : ISA 풍차 돌리기

다음으로 소개하는 ISA(개인종합자산관리계좌)는 서민의 목돈 마련을 위한 대표적인 비과세 상품입니다. 은행과 증권사 통틀어 하나만 가

입할 수 있고 의무가입 기간은 3년, 납입 한도는 연간 2천만 원입니다. 만약 올해 천만 원만 납입했다면 한도가 이월되어 내년에는 3천만 원까지 적립할 수 있고 최대한도는 5년에 1억 원입니다.

ISA 일반형은 연간 수익(이자) 200만 원까지 비과세이고 초과 수익은 9.9% 분리과세로 종결됩니다. ISA 서민형(연급여 5,500만 원 이하, 종합소득 3,800만 원 이하)은 연간 수익 400만 원까지 비과세, 초과분은 9.9% 분리과세입니다. 종합소득 과세표준에 합산하지 않고 건강보험료에도 제외됩니다.

IRP와 달리 소득이 없어도 19세 이상이면 가입할 수 있고 중도 인출도 가능합니다. 증권사에서 중개형으로 가입하면 다양한 금융상품뿐만 아니라 주식투자도 직접 할 수 있습니다. 2025년에 가입과 비과세 한도를 두 배 이상 크게 늘릴 예정이라고 발표한 바 있으니 2030세대의 목돈 마련 목적으로도 아주 좋은 상품입니다.

중장년층도 ISA를 잘 활용하면 노후 연금 재원을 늘릴 수 있는 아주 큰 장점이 있습니다. 그것은 바로 ISA 의무가입 기간 3년이 지나면 모아둔 적립금을 IRP로 이전할 수 있다는 점이죠. 해지 후 60일 이내에 IRP로 이전 신청을 해야 하고 전액이 아닌 일부 금액도 가능합니다.

이때 이전하는 금액의 10%(최대 300만 원)까지 추가 세액공제를 받을 수 있습니다. 따라서 이전하는 해의 IRP 세액공제는 기존 900만 원에 300을 더해 최대 1,200만 원까지 늘어납니다. ISA 전환금을 연금 납입액으로 인정하여 추가로 절세 혜택을 주는 것이죠.

'ISA 풍차 돌리기'란 ISA와 IRP를 번갈아 이전하여 절세와 노후 준비라는 두 마리 토끼를 잡는 방법입니다.

① ISA에서 3년간 모은 3천만 원 중 300만 원은 세액공제 IRP에 입금하고 나머지 2,700만 원은 연금저축펀드에 입금합니다. 이전 금액을 합산하여 계산하므로 IRP에 300만 원을 추가로 세액공제 해줍니다.

또 IRP는 일부 인출이 안 되지만 연금저축펀드는 자유롭습니다. 다음 해에 연금저축펀드에서 일부를 인출하여 ISA에 재가입했다가 3년 후 같은 방법으로 다시 IRP에 이전합니다. 이렇게 풍차 돌리기를 반복하면 세액공제 한도와 노후 자금을 확대할 수 있습니다.

② ISA 연간 납입 한도인 2천만 원씩 적립하여 3년 후 6천만 원이 만기가 되었습니다. 3천만 원은 비상금으로 쓰고 나머지 3천만 원 중 300만 원은 세액공제용 IRP에 이전, 2,700만 원은 초과 적립용 IRP에 이전합니다. 그러면 300만 원은 추가로 세액공제를 받고 2,700만 원은 비과세로 연금 수령이 가능합니다.

③ ISA에서 3천만 원을 IRP로 이전하여 10%(300만 원)는 추가로 세액공제를 받고, 나머지 2,700만 원은 금융사에 신청하면 그다음 해부터 IRP의 연금 납입액으로 인정받아 3년간(900×3=2,700) 추가 불입을 하지 않아도 세액공제는 한도만큼 다 받을 수 있습니다.

이렇게 ISA에서 IRP로 이체한 자금은 세액공제 받지 않은 자금이므로 인출할 때 연금소득세가 없고 연금 수령 한도 제한도 없습니다. 수익에 대해 건보료가 부과되지 않고 사적연금 1,500만 원 한도에도 적용되지 않고 금융소득종합과세 대상도 아닙니다.

그런데 'ISA 만기 해지 후 재가입 전략'이 모두에게 유효하지는 않습니다. 직전 3년 동안 한 번이라도 금융소득종합과세 대상자가 되었다면 다시 ISA에 가입할 수 없으니 이 점 유의하세요.

연금 상품 단계별 세금표

구분			적립 단계	운용 단계	중도 인출	연금 수령
국민연금			소득공제		퇴직소득세	종합과세
연금저축 계좌	퇴직금	원금	과세이연	과세이연	퇴직소득세	30% 할인[1]
	IRP 연금저축 보험/펀드	세액공제분	세액공제[2]	과세이연	기타소득세[3]	연금소득세[4]
		세액공제 초과분			과세 제외	과세 제외
		전체 운용 수익			기타소득세	연금소득세
(01.1~13.2)	명칭: 연금저축					연금 조건[5]
(12.3~)	명칭: 연금저축 계좌					연금 조건[6]
개인연금 보험	구)개인연금(94.4~00.12)		소득공제[7]		이자소득세	비과세 조건[8]
	소득공제 없는 연금 상품					비과세 조건[9]
주택연금						비과세[10]

1) 실제 연금 수령 연차 1~10년: 퇴직소득세의 30% 감면, 10년 초과 시 40% 감면

2) 세액공제(13.2~16.5%): IRP + 연금저축보험/펀드(연 600만 원) 합산 연 900만 원

3) 기타소득세: 16.5%(세액공제를 13.2%로 받았어도)

4) 연간 연금 수령 1,500만 초과 시: 종합과세 합산 또는 16.5% 분리과세 선택

5) 적립 10년 + 55세 이후 + 5년 이상 분할 수령 → 해당되면 위와 같이 과세

6) 적립 5년 + 55세 이후, 수령 연차별 인출 한도 → 해당되면 위와 같이 과세

7) 납입보험료의 40%(연간 72만 원 한도)

8) 적립 10년 + 55세 이상, 5년 이상 분할 수령

9) 계약기간 10년 + 납입 5년 이상, 월 보험료 150만 이하(매월 균등 납입)

10) 대출이자 소득공제, 재산세 감면

9장

....

건강보험:
퇴직 후 건보료 절감 활용법

퇴직 예정자를 대상으로 하는 강의에 가면 꼭 건강보험료에 관한 질문을 받습니다. 퇴직 후 건강보험을 살펴보고, 건강보험료를 줄이는 몇 가지 팁도 알려드립니다. 우리나라 건강보험은 세계 최고 수준인데 '언제라도 내야 하는 것이고 다만 좀 줄이는 방법은 없나'라고 생각하는 것이 마음 편합니다.

퇴직 후 가장 큰 걱정, 건강보험

지난여름 정년퇴직한 가까운 선배님을 만났는데 산림 분야 자격증을 목표로 매일 공공도서관으로 출근하고 계시더군요. 이런저런 안부 중에 건강보험 이야기가 나왔습니다. 사실 선배는 서울 강남의 자가 아파트에 거주하는 분이라 건강보험료가 얼마나 나오는지 궁금하기도 했죠.

"형님, 나이 들어 자격증 공부는 할 만하십니까?"

"아이고, 한 5개월은 졸리기만 하고 눈도 침침해서 죽겠더니 이제는 적응 좀 됐어. 1차는 붙었는데 2차가 걱정이야."

"그래도 대단하십니다. 연세도 있는데 이 정도도 훌륭하죠. 참, 다른 선배님들은 건보료가 많이 나온다고 걱정이던데 형님은 어떠세요?"

"나는 건강보험료 안 내는데?"

"그래요? 집만 해도 20억이 넘을 텐데 건보료를 안 내신다고요?"

"응, 지금은 직장인 아들 밑에 피부양자로 들어가 있어."

"재산이 많으면 피부양자 탈락 아닌가요?"

"하하, 사실 이 집이 아내하고 공동명의야. 부부 각자 과표를 계산하니까 탈락 한도를 넘지는 않은 거 같아. 퇴직해서 소득도 별로 없고."

"아, 그러시군요. 그래도 나중에 국민연금이 나오면 어려울 수 있어요."

"맞아, 나는 200 정도 나온다고 하니까 그때는 피부양자에서 탈락하겠지. 면제 혜택도 한 3년분이지 뭐."

퇴직하면 건강보험공단에서 가장 먼저 연락이 온다는 우스갯소리가 있습니다. 직장에서 지역가입자로 전환되어 건강보험료를 안내하는 통지서가 오는데 보험료를 보고 많이 놀란다고 합니다. 건보료가 예상보다 많아서 놀라는 분들도 계시지만 무엇보다 소득이 끊겼는데 평생 내야 한다는 게 부담인 거죠. 은퇴한 분들의 건강보험료 걱정이 시작되는 것입니다.

이러면 자식 밑으로 못 들어가요

퇴직 후에 직장 다니는 자녀의 피부양자가 되면 별도로 건보료를 내지 않아서 좋기는 하겠지만 피부양자 조건이 그렇게 만만치 않습니다. 2022년 9월 건강보험 2단계 개편으로 피부양자 자격 기준이 강화되어 많은 분이 피부양자에서 탈락했습니다. 건강보험 피부양자가 되려면 아래 조건을 모두 충족해야 하는데 하나라도 초과하면 피부양자에서 탈락하고 지역가입자가 됩니다.

① 소득: 연간 소득금액 합계액이 2천만 원 이하일 것
· 소득금액이란 수입에서 필요경비를 뺀 금액입니다(주의)
② 재산: 과세표준 합계 5억 4,000만 원 이하일 것
· 과표 5억 4,000만~9억 원이면 소득이 연간 1천만 원 이하일 것
　(시가로는 약 12억~20억, 과표 9억 초과면 탈락)
③ 사업자등록이 있는 경우 공제 후 소득금액이 있으면 탈락

부부 기준으로 소득과 재산 계산법을 알아보겠습니다. 먼저 피부양자 자격을 따질 때는 부부의 소득과 재산을 따로 계산합니다. 이때 부부 중 한 명이 재산 요건에 걸리면 그 사람만 피부양자에서 탈락합니다. 예를 들어 두 사람의 소득이 각각 2천만 원 이하로 통과했는데 남편이 재산 조건에 걸렸다면 남편만 탈락합니다. 앞서 제 선배는 아파트가 공동 명의이기 때문에 각자 10억(과표 약 4억)으로 통과되었던 것입니다.

반면 소득 요건은 한 사람만 걸려도 부부 모두 탈락합니다. 소득금액이 남편 2천만 원, 아내 500만 원이면 둘 다 합격이지만 남편이 2,500만 원, 아내 0원이면 둘 다 탈락하는 것이죠.

다음으로 건보료 부과는 부부 중 한 사람만 재산 요건에서 탈락했다면 그분의 재산과 소득에만 지역가입자 건보료를 부과하고, 합격자는 피부양자로 등록하여 건보료를 내지 않습니다. 부부가 재산 요건에서 모두 탈락하거나 한 명이 소득 요건에서 탈락하면 부부 모두 지역가입자가 된다고 말씀드렸죠? 이때는 부부의 소득과 재산을 합산해서 건보료를 계산한 후에 세대주 한 사람에게 건보료를 부과합니다.

그럼, 예비 퇴직자와 은퇴자들의 관심이 많은 '피부양자 자격 유지를 위한 팁'을 정리해 보겠습니다. 소득과 재산을 기준 이하로 낮추는 방법인데 모두에게 해당하지는 않겠지만 자기 상황에 따라 활용해 보시기 바랍니다.

첫째, 고가 주택은 부부 공동명의가 좋습니다. 재산세 과세표준은 주택 공시가격에 공정시장가액율(60%)을 곱해서 산출합니다. 주택 시가로 대략 20억 초반까지는 부부 각자 과세표준 5억 4,000만 원 아래이므로 재산 조건은 피할 수 있습니다.

둘째, 금융자산은 사전 증여를 통해 소득을 줄일 수 있습니다. 금융자산은 재산에는 포함되지 않지만 이자, 배당을 소득으로 잡아 연간 1천만 원을 초과하면 건보료 대상입니다. 예를 들어 일반예금 3억에 이자 4%라면 금융소득 연 1,200만 원으로 건보료 부과 대상이 되고 이때는 초과분 200만 원이 아니라 1,200만 원 전액에 건보료가 부과됩니다. 따라서 증여 한도 이내로 배우자(6억)와 자녀(5천)에게 사전 증여하면 금융소득이 줄어드는 효과가 있습니다.

셋째, 금융자산은 최대한 비과세나 무조건분리과세 상품으로 운용하세요. 연금저축보험/펀드, IRP, ISA 등의 운용 수익은 종합소득 대상이 아니므로 건보료 대상에서 제외됩니다.

넷째, 주택임대소득이 있는 분들은 전월세의 비율을 조정할 때 월세보다는 전세금을 올리는 방법이 유리합니다. 전세보증금은 월세로 환산한 간주임대료를 소득으로 반영하는데 대체로 월세보다는 낮게 평가되기 때문입니다.

1. 소득 요건 계산

- 근로소득: 근로소득공제 차감하고 100% 합산
- 사업소득: '소득금액'은 필요경비 공제 후 소득
  · 사업자등록자: '소득금액' 1원만 있어도 탈락
  · 사업자미등록자: '소득금액' 연 500만 원까지 소득 제외
  · 주택임대소득자: 사업자등록 무관 '소득금액' 있으면 탈락
  * 등록임대사업자: 60% 공제+기본공제 400만(연 1천만 원까지 0원)
  * 미등록임대사업자: 50% 공제+기본공제 200만(연 400만 원까지 0원)
  - 금융소득
  · 이자, 배당 연 1천만 원까지 소득 제외, 초과 시 전액 합산
  · 비과세, 분리과세 계좌의 이자와 배당소득은 제외
- 연금소득: 공적연금만 100% 반영, 사적/퇴직연금은 제외
- 기타소득: 필요경비를 제외하고 합산
  ※ 근로소득과 국민연금은 자격조건 따질 때는 100%로 반영하나, 건보료 계산할 때는 50%만 반영

2. 재산 요건 계산

재산세 과표 – 기본공제(5천만) – 주택 부채(최대 5천만)를 등급으로 환산한 점수 × 208.4원

3. 피부양자 인정 요건

재산세 과세표준액	연간 소득		
	1천만 이하	1천만~2천만	2천만 초과
5.4억 이하	합격	합격	탈락
5.4억~9억	합격	탈락	탈락
9억 초과	탈락	탈락	탈락

* 과세표준액: 시가의 약 45% 이내

퇴직 후 건보료 줄이는 팁

퇴직자 상담을 해보면 퇴직 후 건보료에 관심이 아주 많습니다. 직장에서는 회사와 반반씩 냈는데 퇴직하면 혼자서 전액 부담해야 하고 소득이 끊기는 상황과 겹치면서 걱정이 더 커지는 것이죠. 다행히 취직한 자녀가 있어서 피부양자가 되면 건보료를 내지 않아 좋겠지만 그것도 잠시고 국민연금을 받거나 다른 소득이 조금 있으면 피부양자에서 탈락하기 쉽습니다. 2022년에 피부양자 자격 기준이 강화되었는데 또 언제 추가로 낮출지도 모르죠. 그래서 '건보료는 언제라도 내야 하는 것이고 다만 좀 줄이는 방법은 없나'라고 생각하는 것이 마음 편합니다.

퇴직 후 건보료를 줄이는 방법으로 이제는 많이들 알고 계시는 대표적인 세 가지 방법을 살펴보겠습니다.

첫째, 건강보험 임의계속가입 제도입니다. 퇴직 후 지역건보료가 직장 시절보다 많으면 직장건보료로 3년간 납부할 수 있는 제도입니다. 지역건보료를 고지받은 납부 기한에서 2개월 이내에 건강보험공단에 신청해야 합니다. 그러면 퇴직일 다음 날부터 3년간은 회사에서 자신이 부담하던 건보료(회사부담분 제외)만 내면 됩니다. 퇴직 전 18개월간 직장가입자 자격을 유지한 기간이 통산 1년 이상인 사람만 신청할 수 있습니다.

그런데 이 제도는 퇴직 후 재취업에도 아주 유용합니다. 급여가 아주 적은 직장이라도 1년 이상 근무하고 퇴직하면 또 3년간 직장건보료로 낼 수 있습니다. 급여가 적었으니까 건보료 부담도 많이 줄겠네요. 급여가 적거나 정규직이 아니더라도 재취업으로 건강보험을 해결하는 방법이 아주 좋은 대안입니다.

둘째, 무주택으로 전세금 대출이 있거나, 1주택이라도 담보 대출이 있으면 부채공제를 신청해 건보료를 절약할 수 있습니다. 이때 주택의 공시가격은 5억(시가 약 8억) 이하여야 하고, 무주택자는 보증금과 월세(×40)를 합쳐서 5억을 넘기지 않으면 해당이 됩니다. 대체로 월 5만 원 내외로 할인이 되고 지역가입자가 직접 공단에 신청해야 적용됩니다.

셋째, 퇴직 후 개인사업자가 되는 경우입니다. 직원의 유무에 따라 달라지는데 직원이 없는 대표자는 지역가입자가 되고, 직원을 1명 이상 고용하면 자기와 직원 모두 직장가입자가 될 수 있습니다. 만약 배우자를 직원으로 채용한다면 두 사람이 각각 직장건보료를 내게 됩니다. 배우자의 4대 보험료도 내야 하니까 지역가입자 대비 유불리를 따져볼 필요가 있겠습니다.

개인사업자의 직장건강보험 가입 절차는 '4대 사회보험 정보연계센터(4insure.or.kr)'에서 사업장 성립 신고를 하고 '건강보험 EDI(edi. nhis.or.kr)'에서 대표자 자신과 직원 인적 사항을 입력하면 됩니다. 등록한 다음 해 5월 종합소득 신고할 때 건강보험공단에도 전년도 보수총액(월급)을 신고해야 합니다. 그렇지 않으면 올해 말 사업소득으로 건보료가 책정되어 많은 차액이 부과될 수도 있으니 주의하세요.

국민연금 때문에 건보료 폭탄 아니다

건강보험료에 반영하는 연금소득은 국민연금, 공무원연금 같은 공적연금만 해당됩니다. 사적연금(개인연금, 연금저축, IRP 등)과 퇴직연금, 주택연금은 건보료가 부과되지 않습니다. 「국민건강보험법」에는 공적연금과 사적연금이 모두 건보료 대상으로 규정되어 있습니다만 공단에서 이를 시행하고 있지 않은 상태입니다.

아무튼 국민연금에 건보료가 얼마나 부과되는지 알아보시죠. 국민연금에 대한 건보료는 연금액의 50%에 대하여 보험료율 8%를 적용합니다. 2024년도 건보료율 7.09%와 건보료에 연동되는 장기요양보험료율을 합치면 약 8%입니다. 만약 국민연금을 월 100만 원 받는다면 50만 원의 8%인 월 4만 원 정도가 건보료로 부과됩니다. 국민연금이 월 10만 원 늘어나면 건보료는 4천 원 정도 증가합니다. 어떻습니까? 건보료 폭탄까지는 아니죠? 10만 원당 4천 원 무서워서 국민연금을 줄이는 건 구더기 무서워 장 못 담그는 수준입니다. 대부분의 경우 국민연금 연기나 추후 납부로 국민연금을 늘리는 것이 건보료 증가보다 훨씬 유리합니다.

다만, 피부양자 탈락 소득 기준인 연 2천만 원(월 166만 원)에 간당간당 못 미치는 분들은 국민연금을 증액하면 피부양자에서 탈락하여 건보료를 내야 하니 주의해야 합니다. 피부양자로 어렵게 등재가 되었다하더라도 건강보험 3차 개혁으로 소득 기준이 더 내려갈 수도 있고 물가 인상률만큼 국민연금액이 계속 증가하는 점도 고려해야 합니다. 그리고 국민연금 외에도 근로·사업·금융·기타소득이 변동할 수 있다면 이 부분도 종합적으로 판단하시기 바랍니다.

소득 기준이 2천만 원을 초과하여 지역가입자가 된 분들은 '우리나라 건강보험은 세계 최고 수준인데 국민연금 더 많이 받고 건보료 적당히 낸다'고 생각하는 것이 속 편하지 않을까요?

보수 외 소득이 있으면 건보료 또 낸다?

직장가입자는 건보료와 장기요양보험료를 합쳐서 보수의 약 8%를 회사와 본인이 반반 부담하고 있습니다. 그런데 보수 외 소득이 연간 2천만 원을 넘으면 초과분에 대하여 건보료가 추가로 부과됩니다. 퇴직 후 재취업했는데 보수 외에 국민연금과 이자, 임대 등 다른 소득이 많으면 건보료를 별도로 더 내야 하는 것이죠. 여기서 사업·이자·배당·기타소득은 100%, 근로·연금소득은 50%로 반영하는 것은 동일합니다.

추가 건보료는 회사와 절반씩 부담이 아니라 자기가 전액 납부해야 합니다. 비용 부담이 걱정되신다구요? 건보료가 그렇게 많이 나오지는 않으니 너무 걱정하지 않으셔도 될 거 같습니다. 예를 들어볼게요.

– 보수외 소득에 대한 건보료 추가 사례

· 국민연금 월 180만 = 연 2,160만 × 50% = 1,080만 원

· 금융자산 3억(수익률 4%) = 연 1,200만 원

· 미등록 임대소득 연 1,200만 = 1,200만 × 50% − 200 = 400만 원

※ 월(건보료+장기요양보험료): (2,680만−2,000만) × 8% ÷ 12 = 4만 5,000원

보수 외 소득이 적지 않은 편인데 건보료는 월 4만 5,000원 정도로 아주 부담스럽지는 않네요. 위의 사례에서 보면 국민연금과 임대소득은 50%만 반영하는데 금융소득은 할인 없이 전액 반영했죠? 건보료에서는 금융소득을 줄이는 것에 대해 많은 관심을 가져야 합니다.

☞ **요즘 인기 있는 ETF는 건보료에 어떻게 반영될까요?**

① **국내 상장 ETF**

– 매매차익과 분배금 모두 배당소득으로 처리하여 건보료 대상

– 단, 국내 주식으로만 구성된 주식형 ETF 투자수익은 비과세이므로 건보료 제외

② **해외에 상장된 ETF 직접투자**

– 양도소득세(22%)로 분류과세하여 건보료 제외

나는 건보료 얼마나 낼까?

지역건강보험료 모의 계산하는 곳:

[건강보험공단 홈페이지-민원여기요 개인민원-보험료조회신청

-4대보험료 계산하기-지역보험료 모의계산]

1. 소득기준 월 건보료

[(공제 후)소득금액 × 건보료율(7.09%)] + 장기요양보험료

연소득금액	월 소득금액	건보료 + 장기요양
1,200만 원	100만 원	80,802원
2,400	200	160,164
3,600	300	240,246
4,800	400	320,328
6,000	500	400,410
9,600	800	640,656

2. 재산 기준 월 건보료

- (재산 부과 점수 × 208.4원) + 장기요양보험료

재산세 과표	(시가)	점수	건보료 + 장기
1억	2.2억	439	103,336원
3억	6.6	681	160,300
5억	11	812	191,136
10억	22	1041	245,040
20억	44	1391	327,426

※ 보험료율, 재산 점수당 금액은 매년 변경(표는 2025년 기준)

※ 2025년 지역가입자 건보료 상하한: 월 450만 원~19,780원

비과세 상품으로 건보료 줄이는 팁

금융소득종합과세는 이자, 배당 등 금융소득이 연 2천만 원을 초과하면 초과분만 다른 소득과 합산해 누진세율을 적용합니다. 하지만 건강보험료는 금융소득이 연 1천만 원을 초과하면 전액에 대하여 건보료가 부과됩니다. 이처럼 금융소득이 크면 공제액 없이 전액 반영하기 때문에 건보료 부담이 확 늘어납니다. 건강보험공단은 국세청으로부터 개인별 연간 1천만 원을 초과하는 종합과세 대상 금융소득 자료를 받아 건보료 산정에 반영합니다. (본인의 금융소득 통보 내역은 '홈텍스' 홈페이지 '기타 세무정보' 화면의 '금융소득 조회'에서 확인할 수 있다.)

사실 종합과세 과표가 5천만 원 미만인 분들은 종합소득세보다는 건보료가 더 무섭습니다. 금융소득 7천만 원인 경우를 예로 들어보겠습니다. 2천만 원 초과한 5천만 원이 과표이고 이 구간의 종합소득세율은 15%입니다. 그런데 이미 이자소득세 15.4%를 냈으므로 추가로 세금을 내지 않습니다. 하지만 건보료는 1천만 원 초과한 6천만 원에 대해 8%인 연 480만 원이 부과됩니다. 이렇듯 금융자산은 이자소득세 내야죠, 금액이 크면 종합소득세로 누진되죠, 여기에 건보료 부담도 큽니다.

이것이 절세되는 금융상품을 찾는 이유입니다. 건보료에 적용되는 소득은 국세청에서 건보공단에 통보하는 종합소득 자료를 기초로 한다고 했죠. 그래서 금융자산이 많은 분들은 종합과세에 반영되지 않는 비과세나 무조건 분리과세 상품으로 운용하는 것이 아주 중요합니다. 아래 건보료 부과 대상에서 빠지는 금융상품을 잘 활용하시기 바랍니다.

① 비과세·저율과세: ISA, 비과세연금보험, 비과세종합저축, 국내주식/채권의 매매차익, 상호금융예탁금

② 분리과세: IRP, 연금저축, 투융자집합기구(1억), 개인투자용국채(1억)

③ 분류과세: 퇴직소득, 양도소득, 해외/비상장주식 매매차익

건보료 부과에 제외되는 금융상품

1. IRP, 연금저축(보험/펀드)
- 세액공제 한도 연 600~900만 원, 납입한도 연 1,800만 원
- 전 금융사 합산

2. ISA(개인종합자산관리계좌)
- 이자소득비과세: 서민형 연 400만 원까지(일반형 200만 원)
- 초과분은 9.9% 분리과세하고 종결(건보료 제외)
- 납입한도: 1년 2천만 원, 5년 합산 최대 1억

3. 비과세 연금보험
- 월납형: 5년납, 10년 유지, 월 150만 원 한도
- 일시금: 10년 유지, 1억 한도

4. 비과세 종합저축
- 65세 이상, 장애인, 유공자 등
- 전 금융사 합산 5천만 원 한도

5. 국내주식 매매차익 비과세
- 상장주식(대주주 미해당 시), 비상장주식
- 대주주: 코스피 종목 지분 1% 이상(코스닥 2%, 코넥스 4%), 개별종목 보유 10억 이상

6. 투융자집합투자기구
- 사회간접자본에 투자하는 인프라펀드 투자한도 1억 원
- 배당소득은 분리과세(종합소득 제외)

7. 상호금융예탁금
- 농수신협, 산림조합, 새마을금고
- 예탁금 합산 3천만 원 한도 저율 과세(농특세 1.4%)
- 출자금 합산 2천만 원까지 배당소득 비과세

제3부 체크리스트

 퇴직연금
- -

나에게 유리한 퇴직연금 DB / DC 정하기

연령대별 투자상품과 운용 방법 알아보기

퇴직금 세금과 절세 인출 방법

소상공인 노란우산공제 장단점 확인하기

 개인연금과 연금저축
- -

가입한 개인연금과 IRP 장단점 파악하기

연금 인출 전략과 인출 순서 정하기

절세되는 연금 수령 한도와 계좌 간 이체 방법 알아보기

50대는 IRP 가입하여 연 1,800만 원까지 적립하기

여윳돈은 ISA 풍차 돌리기로 절세와 건보료 절약하기

 건강보험
- -

퇴직 전에 지역건보료 모의 계산해 보기: 공단 홈페이지

건보료 줄이는 팁 체크하기

국민연금 증액과 건보료 영향 알아보기

건보료 제외되는 비과세 금융상품 종류

250

95세까지 돈 걱정 없는
현금 흐름 만들기

제가 연금 컨설팅을 하며 만나본 상당수 중장년층이 준비 부족형이었습니다. 예비 은퇴자를 연금 준비 정도에 따라 부족형, 일반형, 여유형으로 나누고 각 유형에 대한 기본안과 수정안을 제시하였습니다. 기본안은 해당 유형에 평균적으로 예상되는 연금 종류와 수령액입니다. 수정안은 기본안을 보완하는 현실적인 처방전으로 연령에 따른 현금 흐름이 어떻게 늘어나는지 보여주었습니다. 이를 통해 여러분은 자신의 준비 수준을 점검하고 또 어떤 부분을 추가로 보완할 수 있는지 찾아보는 소중한 시간이 될 것입니다.

10장

나에게 맞는
맞춤형 노후 자금 설계 솔루션

이제 결론입니다. 공부한 내용을 활용해 60~95세까지 매월 현금 흐름을 만들어 보겠습니다. 준비 유형별 예상되는 연금액을 설정하고, 여러 방법을 처방해 가면서 어떻게 현금 흐름이 늘어나는지 확인하겠습니다.

노후 연금 시뮬레이션

자! 이제는 앞서 살펴본 여러 연금을 활용하여 평생 노후 소득을 만드는 연금 시뮬레이션을 설계해 보겠습니다. 젊어서부터 열심히 연금을 부어오신 분들은 이제 어떻게 수령하는지가 중요한 나이가 되었습니다. 자신의 퇴직과 재취업 그리고 은퇴, 자녀의 결혼, 80대 의료비, 배우자 홀로살이 등 남은 인생 여정에 따른 현금 흐름을 생각해 보는 좋은 기회가 될 것입니다.

여기서는 세 가지 유형으로 나누어 현금 흐름을 설계해 보겠습니다.

	부족형	일반형	여유형
기본안	1개	1개	1개
수정안	1개	2개	3개

연금 준비 정도에 따라 부족형, 일반형, 여유형으로 나누고 각 유형에 대한 기본안과 수정안을 제시했습니다. 기본안은 해당 유형에 평균적으로 예상되는 연금 종류와 수령액입니다. 수정안은 기본안을 보완하는 현실적인 처방전으로 연령에 따른 연금액이 어떻게 늘어나는지를 보여드립니다. 이를 통해 여러분은 자신의 준비 수준을 점검하고 또 어떤 부분을 추가로 보완할 수 있는지 찾아보는 소중한 시간이 될 것입니다. 여기서 사용한 각종 연금 수령액은 앞서 살펴본 연금제도의 여러 통계자료를 활용했고 최대한 현실적으로 반영하고자 했습니다.

그럼, 은퇴한 부부가구의 생활비는 어느 정도일까요? 2023년 통계청 가계금융복지조사에 따르면 은퇴한 가구주와 배우자의 최소 생활비는 월 231만 원, 적정 생활비는 324만 원입니다. 은퇴 후 30년을 산다고 하면 적정생활비는 산술적으로 11억 6,000만 원이 필요합니다만 이러한 접근방식은 적절하지 않습니다. 은퇴할 시점에 그렇게 많은 돈이 어디 있느냐는 자조와 불안을 불러일으키기 쉽기 때문이죠. 너무 큰 금액이라 은퇴 전부터 겁을 먹고 포기하거나 과도한 투자로 오히려 노후 준비를 망치는 결과를 초래할 수도 있고요. 그보다는 보유 연금의 현재가치를 반영한 재무 상태를 진단하고 미래 현금 흐름을 설계하여 최대한 적정 생활비에 근접하도록 대응하는 전략이 현명할 것입니다.

1. 준비 부족형

제가 연금 컨설팅을 하며 만나본 상당수 중장년층이 준비 부족형이었습니다. 아쉬운 소리 하지 않으려고 열심히 살았고 나름대로 노후 준비도 했지만 길어진 노후를 감당하기엔 역부족입니다. 어떤 분들은 준비된 연금이 적어 어차피 노후에 큰 도움이 안 된다며 당장 급한 곳에 사용할 생각도 하십니다. 퇴직금을 일시금으로 찾아 쓰거나 국민연금을 정상 수령하는 나이까지 기다리지 않고 조기에 수령할 생각도 많이들 하시죠. 또 생각보다 긴 노후의 위험에 대해 말씀드리면 "아이고, 나는 그 나이까지는 살기 싫다", "연명치료 거부 신청을 이미 해두었다"고 하며 불안한 노후를 애써 외면하는 경향도 있습니다.

저는 준비 부족형이야말로 노후 연금이 가장 중요하다고 강조합니다. 노후에 경제력이 부족하면 작은 충격에도 취약한 만큼 가능한 자원을 최대한 연금화해야 합니다. 생각보다 오래 살게 될 노후는 경제적 준비가 최우선이고 돈 없는 노후에는 비참한 경험을 해야 한다는 사실을 상기할 필요가 있습니다. 기본적인 경제 기반을 갖춘 후에야 건강, 가족, 외로움 같은 다른 문제도 대응할 수 있기 때문입니다. 노후 준비라고 하면 대부분 3층 연금을 떠올리는데 저는 준비 부족형은 특별히 4층 연금이 필요하다고 말씀드립니다. 먼저, 1층(공적연금)과 2층(퇴직연금)을 보완하는 방법을 알려드리고 3층(개인연금)은 자신의 선택, 그래도 부족한 현금 흐름은 4층(주택연금)으로 대응해야 한다고 상담하고 있습니다.

준비 부족형 [기본안]

- 국민연금: 본인 60만 원, 배우자 35만 원
- 퇴직금 5천만 원, 기초연금 부부 54만 8,000원
- 재취업 소득: 60~64세 180만 원, 65~69세 110만 원

부모 봉양과 자녀 양육을 위해 열심히 살았지만 정작 자신의 노후 준비는 부족한 경우입니다. 준비 부족형의 기본안은 국민연금과 퇴직연금 정도 준비되어 있고 기초연금을 받을 수 있는 케이스입니다.

국민연금 20년 미만 가입자(소득 활동 중) 2023년 평균 수령액은 61만 원입니다. 물가 인상률은 연 1.5%로 가정하여 매년 국민연금 지급액도 그만큼 인상됩니다. 배우자 국민연금은 10만 원씩 15년 납부하여 월 35만 원을 수령합니다. 퇴직금은 5천만 원(통계청 2024년, 50대 평균 소득 415만, 12년 근무 가정), 기초연금은 2025년 부부가구 기준액을 그대로 반영했습니다. 재취업 소득은 60~64세 162만 원, 65~69세 104만 원(가계금융복지조사 24. 3/4분기, 도시/1인 이상/전체 가구 근

로소득)을 넣었습니다.

이렇게 기본안으로 만들어지는 현금 흐름은 60~69세 월 평균 282만 원, 70~79세는 175만 원, 80~89세는 204만 원입니다. 상당히 부족해 보이죠?

60대 10년은 은퇴 가구 최소 생활비를 조금 넘기는 수준입니다. 하지만 문제는 70대 이후입니다. 재취업이 끝나는 71세부터는 국민연금과 기초연금만 남아 현금 흐름은 월 175만 원으로 줄어들고 이후 물가 인상이 반영되는 정도입니다. 만약 80대에 배우자가 먼저 사망한다면 국민연금과 기초연금 합쳐 월 100만 원 정도 줄어드는 문제가 생깁니다. 90세에 홀로 남은 배우자는 월 120만 원으로 쪼그라들죠. 화폐가치 하락을 제외하더라도 매우 위험한 상황으로 긴급 보완이 필요합니다.

준비 부족형 [수정안]

> - 국민연금 가입 기간 10년 확대: 부부 수령액 20만 원 증가
> - 퇴직연금: 70세 개시로 연기
> - IRP: 3천만 원(월 50만 원 × 5년) 적립
> - 주택연금: 3억짜리 집, 배우자 60세에 개시(남편 62세)

저는 여기에 본인과 배우자의 국민연금을 늘리고 IRP, 주택연금 추

가, 퇴직연금 개시 시점을 연기해 보겠습니다.

① 부부 모두 국민연금 가입 기간을 10년 늘려 연금액을 월 20만 원씩 올립니다. 미납 기간 추후 납부, 60세 이후 부부 임의계속가입 등으로 가입 기간을 10년 늘리면 수령액은 월 20만 원 이상 오릅니다. 준비 부족형은 가입 기간을 최대한 늘리는 것이 매우 중요합니다.

② 개인연금이 없는 50대분들은 지금이라도 IRP에 얼마씩 넣어서 재직 중 세액공제 혜택을 받고 연금 준비도 해야 한다고 말씀드렸죠? 월 50만 원씩 5년간 넣어서 60세에 개시하면 10년간 매월 28만 원을 수령합니다. 세액공제 혜택과 이자소득세 과세이연 효과가 쏠쏠합니다.

③ 재취업 소득을 고려해 퇴직금은 수령을 늦춥니다. 10년간 3%로 IRP에 넣어두었다가 70세에 개시하면 월 64만 원으로 60세 개시 48만 원보다 꽤 늘어납니다.

④ 마지막으로 주택연금입니다. 특히, 준비 부족형 케이스에서 가장 필요한 것이 바로 주택연금입니다. 어렵게 장만했다고 아까워하지 마시고 꼭 주택연금으로 받으시길 강조합니다. 신청 시기도 60~65세가 좋은데요, 90세까지 생존한다고 했을 때 수령액이 가장 많습니다. 여기서는 3억짜리 주택을 배우자의 나이 60세(남편 62세)에 개시하는 것으로 했습니다.

위의 네 가지 수정안을 통해 변화된 노후 현금 흐름을 살펴보겠습니다. 60~69세는 월 평균 337만 원, 70대 346만 원, 80대 318만 원을 수령하여 평생 적정 생활비 수준으로 바뀝니다. 수정안 가운데 퇴직연금, 주택연금, IRP는 자신의 형편에 맞게 재설계를 해보셔도 좋겠습니다.

여기서 중요한 것은 국민연금을 최대한 늘리고 주택연금을 적극적으로 고려하시라는 것입니다. 특히, 지금 좀 어렵다고 국민연금 조기 수령을 신청하여 노후 자금을 당겨쓰는 것은 최대한 자제해야 합니다. 60대에 당장 필요한 생활자금보다 80대에 집중될 의료비 부담이 훨씬 크기 때문입니다. 또 한쪽 배우자가 먼저 사망하면 현금 흐름이 절반 가까이 줄어들기 때문에 남은 배우자의 홀로살이를 위해서 주택연금은 커다란 도움이 될 것이란 점도 잊지 마세요.

[준비 부족형] 연령대별 매월 현금 흐름

	60~69세	70~79세	80~89세	90~95세
기본안	282만 원	175만 원	204만 원	213만 원
수정안	337만 원	346만 원	318만 원	330만 원

2. 보통 사람 일반형

우리 주변에서 흔히 보이는 보통 사람들의 모습입니다. 국민연금과 퇴직연금은 준비되어 있고 어떤 분들은 개인연금도 가지고 계시죠. 제가 상담 과정에서 만나본 가장 많은 분이 여기에 속합니다. 요즘 흔히들 얘기하는 '마처세대'인 분들이죠. 부모님을 봉양하는 마지막 세대이면

1. 준비 부족형: 기본형

연금	구분	조건	60	61	62	63	64	65	66	67	68	69
국민연금	본인	23년 평균 61만 (20년 미만 소득 활동)						60	61	62	63	64	65	66
(물가 1.5%)	배우자	10만×15년 15% Up (과거소득대체율)						35	36	36	37	37	38
기초연금	부부							55	56	56	57	58
퇴직연금	5천만	수익률 3%	48	48	48	48	48	48	48	48	48	48
IRP												
주택연금												
실업수당								73				
연금 계			48	48	48	108	144	273	202	205	207	209
재취업			162	162	162	162	162	104	104	104	104	104
합계			210	210	210	270	306	377	306	309	311	313

연금	구분	조건	70	71	72	73	74	75	80	85	90	95
국민연금	본인	23년 평균 61만 (20년 미만 소득 활동)	67	68	69	70	71	72	77	83	90	97
(물가 1.5%)	배우자	10만×15년 15% Up (과거소득대체율)	38	39	39	40	41	41	44	48	52	56
기초연금	부부		59	60	61	62	63	64	69	74	80	86
퇴직연금	5천만	수익률 3%										
IRP												
주택연금												
실업수당												
연금 계			164	166	169	171	174	177	190	205	221	238
재취업												
합계			164	166	169	171	174	177	190	205	221	238

1-1. 준비 부족형: 수정안

연금	구분	조건	60	61	62	63	64	65	66	67	68	69
국민연금	본인	20만 Up					80	81	82	84	85	86	87
(물가 1.5%)	배우자	20만 Up						55	56	57	58	58	59
기초연금	부부							55	56	56	57	58
퇴직연금	5천만원	수익률 3%										
IRP	3천만원	월50*5년	28	28	28	28	28	28	28	28	28	28
주택연금	3억	배우자 60세			59	59	59	59	59	59	59	59
실업수당								73				
연금 계			28	28	87	167	224	353	283	286	289	292
재취업			162	162	162	162	162	104	104	104	104	104
합계			190	190	249	329	386	457	387	390	393	396
연금	구분	조건	70	71	72	73	74	75	80	85	90	95
국민연금	본인	20만 Up	89	90	91	93	94	96	103	111	120	129
(물가 1.5%)	배우자	20만 Up	60	61	62	63	64	65	70	75	81	87
기초연금	부부		59	60	61	62	63	64	69	74	80	86
퇴직연금	5천만원	수익률 3%	64	64	64	64	64	64				
IRP	3천만원	월50*5년										
주택연금	3억	배우자 60세	59	59	59	59	59	59	59	59	59	59
실업수당												
연금 계			331	334	338	341	344	347	301	319	339	361
재취업												
합계			331	334	338	341	344	347	301	319	339	361

서 동시에 자녀에게 봉양받지 못하는 처음 세대 '마처세대'입니다. 이분들의 노후 준비는 이전 세대와는 상당히 달라서 스스로 준비해야 한다는 것을 잘 알고 있습니다. 다행히 사회생활 초기에 국민연금제도가 생겨서 많은 분이 1층 연금은 가지고 있고 퇴직금도 연금으로 수령하려는 의지가 강합니다.

그런데 이 세대는 노후 준비에서 개인 간 격차가 상당히 큽니다. IMF 외환위기 이후 비정규직과 계약직 비중이 늘었고 분사, 외주화를 거치면서 정규직과의 격차가 커진 영향입니다. 이 부분은 구조적인 문제라고 해도 사실 같은 직장 내에서도 큰 차이를 보이는 경우도 많습니다. 이 경우는 관심의 차이입니다. 기업 상담을 가보면 착실히 노후를 준비하고 계신 분들은 질문 자체가 다르더군요. 연금 이해도도 높고 여러 가지 연금 계좌를 공개하며 상담을 요청합니다. 늦어도 뭔가를 해볼 수 있는 40~50대부터 자신의 노후에 관심을 가지고 꾸준히 준비해야 합니다. 현재의 작은 관심이 노후 30년, 40년을 좌우합니다.

보통 사람 일반형 [기본안]

> - 국민연금: 본인 130만 원, 배우자 60만 원
>
> - 퇴직금 1억 5,000만 원, IRP 6,000만 원
>
> - 재취업 60~64세 162만 원, 65~69세 104만 원

보통 사람 일반형에서 기본안은 20년 이상 국민연금과 퇴직금을 준비한 케이스입니다. 국민연금은 20년 이상 가입자의 2027년 예상 수령액인 월 120만 원(국민연금연구원, 중기재정 전망), 배우자는 월 20만 원으로 20년 납부하여 월 60만 원(24. 7월 기준액)입니다. 퇴직금 1억 5,000만 원과 연말정산 세액공제를 위해 IRP에 월 50만 원씩 10년간 6,000만 원을 모아 70세 연금 개시로 설계했습니다.

　　여기까지 반영한 현금 흐름은 60~69세 월 평균 410만 원, 70대 290만 원, 80대 247만 원입니다. 직장도 20년 넘게 다니고 배우자 국민연금과 IRP도 부어서 나름 준비했는데도 재취업이 끝나는 70대 이후 현금 흐름은 은퇴 가구 최소 생활비 수준입니다. 노년기 소득 향상을 위한 긴급 처방을 해보겠습니다.

보통 사람 일반형 [수정안]

> [1차] 국민연금 가입 기간 확대: 본인 10만, 배우자 20만 증액
> 　　　IRP: 3,000만 원(월 50만 원 × 5년) 추가 적립
> [2차] 주택연금: 5억짜리 집, 배우자 60세에 개시(남편 62세)
> 　　　재취업: 64세까지만

　　① 첫 번째 국민연금 가입 기간을 최대한 늘리십시오. 남편은 군대 기간 추납, 배우자 미납 기간 추납, 부부 모두 임의계속가입을 하면 남편

10만 원, 부인 20만 원 정도 수령액을 늘릴 수 있습니다.

② IRP 연간 적립 한도인 1,800만 원까지 납입 여력이 있으므로 월 50만 원을 추가로 5년간 적립해 총 9,000만 원으로 만듭니다.

두 가지만 조정하면 60대는 월 429만 원, 70대 364만 원, 80대 288만 원으로 늘어납니다. 여기서 주목할 부분은 국민연금인데요, 10~20만 원씩 늘렸더니 물가 인상분이 지속 반영되어 80대를 넘기면 월 40만 원 이상 더 받는다는 것이죠. 작게 보이는 분들도 계시겠지만 80대에 월 40만 원의 가치는 생각보다 크다는 점을 무시하면 안 됩니다.

③ 저는 여기서 가능하다면 주택연금도 고려하시라고 추천합니다. 왜냐하면 화폐가치 하락을 고려할 때 80대 이후 현금 흐름이 적어 보이기 때문입니다. 배우자 나이 60세에 5억짜리 주택연금을 개시하면 월 99만 원을 받을 수 있습니다.

④ 또 재취업 기간을 10년에서 5년으로 줄여보죠. 주택연금도 받는 데다가 앞으로 10년간 매년 100만 명 가까운 은퇴자들이 쏟아져 나올 텐데 65세 이후 재취업이 어려울 수도 있기 때문입니다.

이렇게 수정안을 거치면 현금 흐름은 60대 월 평균 457만 원, 70대 463만 원, 80대 387만 원이 됩니다. 수정을 거치니 기본안보다 70~80대 구간이 200만 원 가까이 늘어났네요. 어떻습니까? 부부 두 분이 평생 적정 생활비 324만 원을 초과합니다.

하지만, 사실 우리가 간과한 한 가지 단점이 있습니다. 바로 80대 후

반쯤 예상되는 배우자의 사망인데요, 국민연금이 약 180만 원 정도 줄어드는 문제가 있습니다. 홀로 남은 배우자의 현금 흐름에 구멍이 생기는 것이죠. 그래서 수정안 ③번 주택연금이 중요한 것입니다. 만약 주택연금이 없다면 남은 배우자는 자신의 국민연금을 선택하여 약 140만 원을 받습니다(유족연금을 선택하면 월 110만 원). 의료비, 간병비 등을 고려한다면 턱없이 부족하죠. 따라서 일반형까지는 주택연금의 효용가치가 상당히 크다는 것을 알 수 있습니다.

아시다시피 생활의 만족도는 적정 생활비를 넘어서는 구간부터 생깁니다. 적정 생활비가 월 320만 원이라면 이를 초과한 얼마의 현금 여력이 있느냐에 따라 노후 만족도의 차이를 보인다는 것이죠.

"여보, 오랜만에 우리 짜장면 먹으러 갈까?" 짜장면만 먹고 오면 기본안이고 사이드 메뉴로 탕수육도 하나 시킬 수 있다면 [수정안 1]입니다. 기본안은 손자가 왔을 때 치킨을 배달해 먹을 수는 있지만, [수정안 1]은 부부만 계실 때도 부담 없이 또 치킨을 시킬 수 있습니다. 부부 두 분이 2년에 한 번씩 종합검진받고 동남아 여행 정도는 다녀올 수 있는 것이 [수정안 2]입니다. 앞서 말씀드린 수정안을 다시 한번 음미해 보시고 자기의 상황에 맞춰 설계해 보세요.

[보통 사람 일반형] 연령대별 매월 현금 흐름

	60~69세	70~79세	80~89세	90~95세
기본안	410만 원	290만 원	247만 원	259만 원
수정안 1차	429만 원	364만 원	288만 원	301만 원
수정안 2차	457만 원	463만 원	387만 원	400만 원

3. 멋진 노후 여유형

멋진 노후 여유형 [기본안]

- 국민연금: 본인 180만 원, 배우자 100만 원
- 퇴직금 3억, IRP 9,000만 원, 개인연금 6,000만 원
- 재취업 60~62세까지만(월 162만 원)

멋진 노후 여유형에서 기본안은 30년 이상 꾸준히 연금을 준비한 케이스입니다. 국민연금은 본인 180만 원, 배우자 100만 원이 예상되고 퇴직금은 명퇴금 포함 3억이 있습니다. IRP도 세액공제 한도만큼 10년간 납입하여 9,000만 원, 예전에 가입한 개인연금도 6,000만 원이 있습니다.

퇴직연금은 60세에 10년 수령으로 개시하고 IRP와 개인연금은 종합소득세 한도인 연 1,500만 원을 초과하지 않기 위해 기간을 분리하여

2. 보통 사람 일반형: 기본형

연금	구분	조건	60	61	62	63	64	65	66	67	68	69
국민연금	본인	23년 평균 137만 (20년 이상 소득 활동)				120	122	124	125	127	129	131
(물가 1.5%)	배우자	20만×20년 15% Up (과거소득대체율)						60	61	62	63	64	65
기초연금												
퇴직연금	1.5억	3%	144	144	144	144	144	144	144	144	144	144
IRP	6천만	월50×10년										
주택연금												
실업수당								73				
연금 계			144	144	144	264	326	401	331	334	337	340
재취업			162	162	162	162	162	104	104	104	104	104
합계			306	306	306	426	488	505	435	438	441	444

연금	구분	조건	70	71	72	73	74	75	80	85	90	95
국민연금	본인	23년 평균 137만 (20년 이상 소득 활동)	133	135	137	139	141	143	155	167	179	193
(물가 1.5%)	배우자	20만×20년 15% Up (과거소득대체율)	66	67	68	69	70	71	76	82	88	95
기초연금												
퇴직연금	1.5억	3%										
IRP	6천만	월50×10년	77	77	77	77	77	77				
주택연금												
실업수당												
연금 계			276	279	282	285	288	291	231	249	268	288
재취업												
합계			276	279	282	285	288	291	231	249	268	288

2-1. 보통 사람 일반형: 1차 수정안

연금	구분	조건	60	61	62	63	64	65	66	67	68	69
국민연금	본인	10만 Up				130	132	134	136	138	140	142
(물가 1.5%)	배우자	20만 Up					80	81	82	84	85	86
기초연금												
퇴직연금	1.5억		144	144	144	144	144	144	144	144	144	144
IRP	9천만	월50×15년										
주택연금												
실업수당								73				
연금 계			144	144	144	274	356	432	362	366	369	372
재취업			162	162	162	162	162	104	104	104	104	104
합계			306	306	306	436	518	536	466	470	473	476

연금	구분	조건	70	71	72	73	74	75	80	85	90	95
국민연금	본인	10만 Up	144	146	149	151	153	155	167	180	194	209
(물가 1.5%)	배우자	20만 Up	87	89	90	91	93	94	102	109	118	127
기초연금												
퇴직연금	1.5억											
IRP	9천만	월50×15년	116	116	116	116	116	116				
주택연금												
실업수당												
연금 계			348	351	355	358	362	366	269	290	312	336
재취업												
합계			348	351	355	358	362	366	269	290	312	336

2-2. 보통 사람 일반형: 2차 수정안

연금	구분	조건	60	61	62	63	64	65	66	67	68	69
국민연금	본인					130	132	134	136	138	140	142
(물가 1.5%)	배우자						80	81	82	84	85	86
기초연금												
퇴직연금	1.5억		144	144	144	144	144	144	144	144	144	144
IRP	월50×15년											
주택연금	5억	배우자 60세 개시			99	99	99	99	99	99	99	99
실업수당								73				
연금 계			144	144	243	373	455	531	461	465	468	471
재취업			162	162	162	162	162					
합계			306	306	405	535	617	531	461	465	468	471

연금	구분	조건	70	71	72	73	74	75	80	85	90	95
국민연금	본인		144	146	149	151	153	155	167	180	194	209
(물가 1.5%)	배우자		87	89	90	91	93	94	102	109	118	127
기초연금												
퇴직연금	1.5억											
IRP	월50×15년		116	116	116	116	116	116				
주택연금	5억	배우자 60세 개시	99	99	99	99	99	99	99	99	99	99
실업수당												
연금 계			447	450	454	457	461	465	368	389	411	435
재취업												
합계			447	450	454	457	461	465	368	389	411	435

개인연금은 60세 개시, IRP는 70세에 10년 수령으로 나누어야 합니다. 이분은 오랫동안 열심히 일해온 대가로 국민연금을 받기 전까지 3년만 재취업하는 것으로 하고 현금 흐름을 계산해 보겠습니다.

60대는 월 평균 595만 원, 70대 447만 원, 80대 384만 원입니다. 어떤가요? 30년 넘게 일하고 본인과 배우자의 국민연금, 퇴직연금, 그리고 개인연금까지 꾸준히 준비했는데 80대 이후 현금 흐름이 만만치 않음을 알 수 있습니다.

어떻게 보면 여유형이라고 하기엔 조금 부족해 보이기도 하네요. 80대에 얼마나 쓰겠느냐고 하시는 분들도 계시죠. 380만 원 정도면 충분하지 않냐고 할 수도 있지만 20년 후 화폐가치 하락과 의료비, 그리고 자칫하면 요양원 신세를 질 수도 있으니 넉넉한 정도는 아니네요. 80대 이후 소득 확대를 위한 처방을 시작하겠습니다.

멋진 노후 여유형 [수정안]

[1차] 국민연금 가입 기간 확대: 부부 수령액 각 10만 원씩 증가
IRP: 3,000만 원 추가 적립, 70~84세 수령
[2차] 국민연금: 본인 3년 연기연금 신청
ISA: 풍차 돌리기 2회(6,000만 원), 60~79세 수령
[3차] 주택연금: 8억짜리 집, 배우자 60세에 개시(남편 62세)
재취업: 하지 않고 취미 생활

수정안을 만들어 볼까요? 우선 국민연금은 무조건 옥수수 빠진 곳이 없는지 확인해서 메꾸세요. 남편 군대 기간 메꾸고 부인 추납, 부부 임의계속가입하면 연금액 각 10만 원씩 늘릴 수 있습니다. 늘리는 방법은 이 책의 국민연금 편을 복습하거나 국민연금공단 지사에서 상담해 보세요. 다음으로 IRP에 세액공제 한도를 초과하여 연 900만 원을 3년간 추가 적립하고 종합소득세를 피하고자 수령 기간을 15년으로 늘립니다. 이렇게 1차로 수정하면 60대 월 610만 원, 70대 464만 원, 80대 466만 원으로 변합니다. 기본안과 비교해 보면 국민연금과 IRP 추가 적립으로 80대 현금 흐름이 두툼해졌습니다.

수정안 2차로 본인의 국민연금을 3년만 연기해 보겠습니다. 1년당 7.2% 할증에 물가 인상률도 추가되니까 3년이면 약 26%나 늘어난 연금액을 평생 받겠네요. 연기한 효과가 아주 훌륭합니다. 그리고 현금 여유가 있어 'ISA 풍차 돌리기'로 3년에 3,000만 원씩 2회를 돌려 6,000만 원을 IRP로 이전한 후 20년 동안 연금으로 수령합니다.

이렇게 2차 처방을 하면 60대 월 619만 원, 70대 513만 원, 80대 523만 원으로 바뀝니다. 수정안 1차에 비해 나이가 들수록 연금액이 늘어나는 구조로 바뀝니다. 기본안과 비교해 보면 80대 이후의 변화가 가장 큰데요, 384만 원에서 523만 원으로 월 140만 원 늘어납니다. 역시 국민연금의 마법입니다. 물가 인상률만큼 복리로 연금액이 증가하기 때문에 80대 이후에 그 진가가 나타나는 것이죠.

수정안 3차까지 가볼까요? 2차에다 주택연금을 추가해 보겠습니다. 큰 집에서 살았다면 좀 작은 집으로 다운사이징하고 남은 자금은 여윳돈으로 활용하는 것을 추천합니다. 8억짜리 집을 주택연금으로 신청해서 배우자 나이 60세부터 개시하겠습니다. 연금액은 월 158원이고 주택연금까지 신청했기 때문에 굳이 재취업은 하지 않고 60세부터 여유로운 취미 활동을 즐기기로 했습니다.

마지막 3차 처방까지 마치면 60대는 월 701만 원, 70대 659만 원, 80대 667만 원으로 종신토록 월 600만 원을 초과하는 현금 흐름이 만들어집니다. 어떤가요? 수정안 3차의 효력은 배우자 한 분이 사망하더라도 남은 배우자의 노후 생활이 매우 안정적으로 유지될 수 있다는 점에서 의미가 있습니다.

물론 월 1천만 원 연금 수령자를 일컫는 '월천대사'를 목표로 하는 분들도 계십니다만 여기서는 평범한 사람들의 현실적인 가능성을 고려하여 월 600만 원대를 여유형으로 설정해 보았습니다.

[멋진 노후 여유형] 연령대별 매월 현금 흐름

	60~69세	70~79세	80~89세	90~95세
기본안	596만 원	447만 원	384만 원	402만 원
1차 수정안	610만 원	464만 원	466만 원	465만 원
2차 수정안	619만 원	513만 원	523만 원	524만 원
3차 수정안	701만 원	659만 원	667만 원	668만 원

3. 멋진 노후 여유형: 기본형

연금	구분	조건	60	61	62	63	64	65	66	67	68	69
국민연금	본인	20만×30년 15% Up (과거소득대체율)				180	183	185	188	191	194	197
(물가 1.5%)	배우자						100	102	103	105	106	108
기초연금												
퇴직연금	3억	3%	289	289	289	289	289	289	289	289	289	289
IRP	9천만	70세 10년 수령										
개인연금	6천만	60세 10년 수령	57	57	57	57	57	57	57	57	57	57
실업수당						73						
연금 계			346	346	346	599	629	633	637	642	646	651
재취업			162	162	162							
합계			508	508	508	599	629	633	637	642	646	651

연금	구분	조건	70	71	72	73	74	75	80	85	90	95
국민연금	본인	20만×30년 15% Up (과거소득대체율)	200	203	206	209	212	215	232	250	269	290
(물가 1.5%)	배우자		109	111	113	114	116	118	127	137	147	159
기초연금												
퇴직연금	3억	3%										
IRP	9천만	70세 10년 수령	116	116	116	116	116	116				
개인연금	6천만	60세 10년 수령										
실업수당												
연금 계			425	430	434	439	444	449	359	386	416	449
재취업												
합계			425	430	434	439	444	449	359	386	416	449

3-1. 멋진 노후 여유형: 1차 수정안

연금	구분	조건	60	61	62	63	64	65	66	67	68	69
국민연금	본인	10만 Up				190	193	196	199	202	205	208
(물가 1.5%)	배우자	10만 Up					110	112	113	115	117	119
기초연금												
퇴직연금	3억		289	289	289	289	289	289	289	289	289	289
IRP	1.2억	70세 15년 수령										
개인연금	6천만		57	57	57	57	57	57	57	57	57	57
실업수당						73						
연금 계			346	346	346	609	649	653	658	663	667	672
재취업			162	162	162							
합계			508	508	508	609	649	653	658	663	667	672

연금	구분	조건	70	71	72	73	74	75	80	85	90	95
국민연금	본인	10만 Up	211	214	217	221	224	227	245	264	284	306
(물가 1.5%)	배우자	10만 Up	120	122	124	126	128	130	140	150	162	175
기초연금												
퇴직연금	3억											
IRP	1.2억	70세 15년 수령	110	110	110	110	110	110	110			
개인연금	6천만											
실업수당												
연금 계			441	446	451	456	461	467	494	414	446	480
재취업												
합계			441	446	451	456	461	467	494	414	446	480

3-2. 멋진 노후 여유형: 2차 수정안

연금	구분	조건	60	61	62	63	64	65	66	67	68	69
국민연금	본인	3년 연기							242	245	249	253
(물가 1.5%)	배우자						110	112	113	115	117	119
ISA	6천만	3천×2회, IRP 이전	57	57	57	57	57	57	57	57	57	57
퇴직연금	3억		289	289	289	289	289	289	289	289	289	289
IRP	1.2억											
개인연금	6천만		57	57	57	57	57	57	57	57	57	57
실업수당								-				
연금 계			403	403	403	403	513	515	758	763	769	774
재취업			162	162	162							
합계			565	565	565	403	513	515	758	763	769	774

연금	구분	조건	70	71	72	73	74	75	80	85	90	95
국민연금	본인	3년 연기	256	260	264	268	272	276	298	321	345	372
(물가 1.5%)	배우자		120	122	124	126	128	130	140	150	162	175
ISA	6천만	3천×2회, IRP 이전										
퇴직연금	3억											
IRP	1.2억		110	110	110	110	110	110	110			
개인연금	6천만											
실업수당												
연금 계			487	492	498	504	510	516	547	471	507	547
재취업												
합계			487	492	498	504	510	516	547	471	507	547

3-3. 멋진 노후 여유형: 3차 수정안

연금	구분	조건	60	61	62	63	64	65	66	67	68	69
국민연금	본인								231	235	238	242
(물가 1.5%)	배우자						110	112	113	115	117	119
ISA	6천만		57	57	57	57	57	57	57	57	57	57
퇴직연금	3억		289	289	289	289	289	289	289	289	289	289
IRP	월75×10년											
개인연금	6천만		57	57	57	57	57	57	57	57	57	57
주택연금	8억	배우자 60세 개시			158	158	158	158	158	158	158	158
연금 계			403	403	561	561	671	673	905	911	916	921
실업수당			81									
합계			484	403	561	561	671	673	905	911	916	921

연금	구분	조건	70	71	72	73	74	75	80	85	90	95
국민연금	본인		245	249	253	256	260	264	285	307	330	356
(물가 1.5%)	배우자		120	122	124	126	128	130	140	150	162	175
ISA	6천만		-	-	-	-	-	-				
퇴직연금	3억											
IRP	월75×10년		110	110	110	110	110	110	110			
개인연금	6천만											
주택연금	8억	배우자 60세 개시	158	158	158	158	158	158	158	158	158	158
연금 계			633	639	645	650	656	662	692	615	650	688
실업수당												
합계			633	639	645	650	656	662	692	615	650	688

11장

....

배우자 홀로 남겨진다면?
주택연금이 효자

앞서 세 가지 유형에서 몇 차례 수정을 거치면서 부부의 노후 현금 흐름을 보강했습니다. 저는 마지막 수정에서 모두 주택연금을 포함했는데요, 이것은 남편 사망 후 홀로 남은 배우자를 위한 조치였습니다.

남편이 87세에 사망한다고 가정하고 두 살 차이 나는 배우자의 86세 이후 나 홀로 현금 흐름을 살펴보시죠. 세 가지 유형 모두 85세 이후는 국민연금과 주택연금만 남게 되는데 남편이 사망하면 부부 수령액의 40~50%대로 크게 줄어듭니다. 절대 금액을 보아도 국민연금만으로는 사실상 노후 생활을 유지하기 어려운 수준이네요.

따라서 홀로 남은 배우자에게 주택연금은 무엇보다 중요한 효자 노릇을 하게 됩니다. 다음 현금 흐름표를 보시면 주택연금이 있고 없음에 따라 현금 흐름에서 큰 차이가 나는 것을 알 수 있습니다. 미래의 배우자를 위해 60대 초반부터 주택연금을 적극 활용하시길 강조드립니다.

남편 사망 시(87세), 배우자 현금 흐름(두 살 차이, 최종 수정안 기준)

1. 준비 부족형

- 사망 전 월 327만 원 → 사망 후 월 206만 원
- 주택연금 없다면: 86세 147만, 90세 156만 원

(배우자 나이, 만 원)

	85세	86세	88세	90세	95세
국민연금	192	100	103	106	114
기초연금	76	47	49	50	54
주택연금	59	59	59	59	59
합계	**327**	**206**	**211**	**215**	**227**

2. 보통 사람 일반형

- 사망 전 월 398만 원 → 사망 후 월 225만 원
- 주택연금 없다면: 86세 148만, 90세 157만 원

(배우자 나이, 만 원)

	85세	86세	88세	90세	95세
국민연금	299	148	153	157	170
주택연금	99	99	99	99	99
합계	**398**	**225**	**252**	**256**	**269**

3. 멋진 여유형

- 사망 전 월 629만 원 → 사망 후 월 373만 원

- 주택연금 없다면: 86세 215만, 90세 228만 원

(배우자 나이, 만 원)

	85세	86세	88세	90세	95세
국민연금	471	215	221	228	246
주택연금	158	158	158	158	158
합계	629	373	379	386	404

12장

....

실습:
내 손으로 설계하는 미래!

여기까지 세 가지 유형의 노후 현금 흐름 기본안과 수정안을 모두 살펴보았습니다. 기본안을 보시고 '부족형인데 부족한 정도는 아니다', '여유형인데 너무 적게 잡은 거 아닌가' 하는 등 여러 의견이 있을 수 있습니다. 사실 노후 준비는 각자의 상황에 따라 매우 다르게 평가하기 때문에 다양한 의견이 있을 수 있습니다. 그래서 제가 설정한 기본안을 '높다, 낮다'라는 관점보다는 어떤 방식으로 수정하여 현금 흐름을 개선하는지 솔루션 중심으로 이해하여 주시길 바랍니다.

앞서 세 가지 유형을 수정해 가면서 강조했던 중요한 점 몇 가지만 다시 짚어드리니 시뮬레이션 실습에 반영해 보세요.

첫째, 국민연금의 중요성입니다. 앞서 보셨지만 70~80대 인생 후반으로 갈수록 국민연금의 진가가 나타납니다. 우리나라에서는 유일하게 물가 인상률을 반영하여 연금액이 복리로 증가하는 연금입니다.

추납으로 과거 가입 기간을 10년 늘리면 연금액이 월 20만 원 증가, 60세 이후 임의계속가입과 군대 기간 추납으로 10만 원 증액이 가능합니다. 조기사망 걱정보다는 오래 사는 위험에 대비하여 조기연금은 최대한 자제하셔야 합니다. 특히 국민연금이 시작되는 나이에 별도의 소득이 있다면 2~3년 연기연금은 훌륭한 선택이 될 것입니다.

둘째, 50대 초반부터는 적게라도 IRP에 적립하세요. 새로운 보험이나 투자상품을 찾기보다는 운용 자율성과 절세 효과가 큰 IRP에 납입하는 것이 좋습니다. 혹시 여력이 있다면 연간 납입 한도 1,800만 원까지 꾸준히 적립하면 효과는 배가됩니다.

셋째, 주택연금을 다시 한번 강조합니다. 특히 노후 준비가 부족한 분들일수록 주택연금은 아주 훌륭한 대안입니다. 신청 시기는 나이가 적은 배우자가 60세 초반일 때가 가장 유리합니다. 앞서 세 가지 유형에서 보았듯이 모든 케이스에서 80세 이후 현금 흐름에 큰 도움을 줍니다. 두 분 모두 사망할 때까지 지급되므로 혼자 남은 배우자에게 훌륭한 연금 선물이 될 것입니다.

넷째, 인출 순서도 중요합니다. 가장 먼저 IRP나 개인연금을 연 1,500만 원 이내가 되도록 수령 기간을 세팅하고 부족한 현금은 퇴직연금으로 메꿉니다. 60대 전반기 소득 공백 기간을 개인연금, 퇴직연금 등으로 최대한 해결하고 국민연금 수령은 가장 마지막 순서로 개시합니다. 이때 주택연금을 60대 초반에 신청하여 국민연금을 연기할 수 있는 시간을 확보하는 것도 좋은 전략입니다. 국민연금 연기가 수익률과 노년기 현금 흐름 개선에 최적의 솔루션이라는 점을 기억하세요.

이제 여러분 자신의 미래 현금 흐름을 실습할 차례입니다.
① 뒤편의 양식을 참고하여 엑셀로 수식을 넣은 표를 만들고
② 현재의 재무 상태를 기준으로 기본안 현금 흐름을 넣습니다
③ 수정안 방식을 참고하여 항목별로 연금액을 가감합니다
④ 재취업과 변수를 고려하여 연령별 현금 흐름을 시뮬레이션합니다

혹시 엑셀이 어렵다면 자녀에게 도와달라고 하세요. 이번 기회에 자녀와 함께 가정경제와 부모님의 노후에 대해 이해하는 귀중한 시간을 가져보는 것도 좋겠습니다. 제가 현장에서 상담한 많은 분들을 통해 깨달은 것이 있습니다. 노후 준비는 소득이 많고 적음이 아니라 작은 관심과 실행이 큰 차이를 만든다는 것입니다. 개인별 시뮬레이션 실습은 각자의 재무 상태와 조건에 따라 다양한 수정안이 나올 수 있습니다. 수정안을 거듭하면서 실현 가능한 방법으로 풍부한 노후 현금 흐름을 만들어 행복한 노후를 맞이하시길 기원합니다.

노후 현금 흐름 시뮬레이션 실습

연금	구분	60	61	62	63	64	65	66	67	68	69
국민연금	본인										
(물가 1.5%)	배우자										
기초연금											
퇴직연금											
IRP											
ISA											
개인연금											
실업수당											
주택연금											
연금 계											
재취업											
합계											

연금	구분	70	71	72	73	74	75	80	85	90	95
국민연금	본인										
(물가 1.5%)	배우자										
기초연금											
퇴직연금											
IRP											
ISA											
개인연금											
실업수당											
주택연금											
연금 계											
재취업											
합계											

실습 항목별 현금 배분 방법

구분	현금 배분
국민연금	매년 물가 인상률(1.5%)만큼 연금액 증가 가정 * 예시) 월 9만 원 10년 추납 시 연금 월 20만 원 증가 * 예시) 군복무 추납 3만, 임의계속가입 7만 원 증가 * 예시) 연기연금: 1년당(물가 인상률+7.2%) 증액
기초연금	수급 자격(복지로), 예상 금액(국민연금공단) 체크 가능 * 매년 물가 인상률(1.5%)만큼 연금액 증가 가정
퇴직연금	가입한 금융사 애플에서 예상 연금 조회 가능 * 예시) 퇴직금 1억, 10년 수령 시: 월 90만 원
IRP	가입한 금융사 애플에서 예상 연금 조회 가능 * 예시) 적립금 5천만: 5년(월 89만), 10년(월 48만)
ISA	IRP로 이전하여 연금 잔액 합산
개인연금	가입한 금융사 애플에서 예상 연금 조회 가능 * 예시) 적립금 6천만: 10년 수령(월 57만 원)
실업수당	(퇴직 전 평균임금의 60%)×9개월
주택연금	주택금융공사 홈페이지_월 지급금 확인 * 예시) 5억 주택, 65세 개시: 월 121만
재취업	세후 금액으로 계산

노후 연금 시뮬레이션

세 가지 유형의 수정안을 꼼꼼하게 살펴보기

나와 배우자는 어떻게 국민연금을 늘릴까 확인하기

퇴직금과 IRP 활용법을 자신에게 적용하기

여유자금을 노후 연금에 적용하는 방법 익히기

재취업에 대한 입장 정하기

 홀로 남은 배우자, 주택연금이 효자

주택연금에 대해 배우자, 자녀와 상의하기

주택연금 개시 시점 정하기

 내 손으로 설계하는 미래

금융감독원 통합연금포털 연금자산 확인: 내연금조회-산출가정 변경

시뮬레이션 실습표 엑셀 만들기: 수식 포함

수정안 1/2/3차 최대한 만들어 보기

MEMO

MEMO

99세까지 돈 걱정 없는 현금 흐름 만들기

오십에 읽는 연금기획

초판 1쇄 인쇄 | 2025년 4월 18일
초판 1쇄 발행 | 2025년 4월 28일

지은이 | 이재승
펴낸이 | 김의수
펴낸곳 | 레몬북스(제396-2011-000158호)
전 화 | 070-8886-8767
팩 스 | 031-990-6890
이메일 | kus7777@hanmail.net
주 소 | (10387) 경기도 고양시 덕양구 삼원로73 한일윈스타 1406호